时尚营销

陈李红◎著

中国纺织出版社有限公司

内 容 提 要

《时尚营销》作为时尚传播和服装设计与工程专业的教材，其任务是使学生了解和掌握时尚营销的相关理论知识、实务操作技能和方法，熟悉时尚行业从业者的职能与工作流程。通过学习，使学生对时尚营销有较为全面的理解，提升学生对时尚营销的认知，同时使学生熟悉时尚营销的市场操作模式，熟练运用专业知识开展时尚产品的设计、时尚品牌的商品企划及时尚营销策略的制定等学习与实践。

本书适合服装专业和传播学专业师生，尤其是服装市场营销和品牌等相关方向的师生学习使用，也可供时尚行业的从业人员阅读参考。

图书在版编目（CIP）数据

时尚营销 / 陈李红著 . -- 北京：中国纺织出版社有限公司，2025. 2. -- ISBN 978-7-5229-2400-7

Ⅰ. F768.3

中国国家版本馆 CIP 数据核字第 2024644MT0 号

责任编辑：孙成成　　责任校对：高　涵　　责任印制：王艳丽

中国纺织出版社有限公司出版发行
地址：北京市朝阳区百子湾东里A407号楼　邮政编码：100124
销售电话：010—67004422　传真：010—87155801
http://www.c-textilep.com
中国纺织出版社天猫旗舰店
官方微博http://weibo.com/2119887771
天津千鹤文化传播有限公司印刷　各地新华书店经销
2025年2月第1版第1次印刷
开本：787×1092　1/16　印张：9.5
字数：195千字　定价：88.00元

前言

PREFACE

为什么写这本书

许多优秀的著作都涉及时尚买手营销管理和采购管理问题。这些书注重介绍实务操作或者案例分析，向读者展示时尚买手的具体业务和特点，然而，无论是时尚类专业在读学生，还是企业时尚买手，都知道买手的概念是什么，也了解营销管理和采购管理基本战略决策的总体利弊，但他们更需要知道的是如何撰写商品企划方案，深入理解时尚营销的本质。

通过理论研究和现有教材阅读，我们发现大多数图书都不能有效满足那些对时尚营销的理论和实践有着系统性理解的高级时尚营销管理人才培养的需求。

《时尚营销》和其他买手教科书的不同之处在于：

（1）本书提供了时尚营销的深度理论阐释，从多学科角度解释时尚营销的科学本质；

（2）重点关注时尚消费市场的分析，构建时尚营销的理论分析框架；

（3）从时尚产业发展角度探讨时尚营销的创新运营模式；

（4）注重理论与实践结合，提供典型时尚营销案例分析。

本书的目标不在于实务操作类基础知识的普及，而是重点关注时尚营销人才培养中思维层面的理论提升和系统知识构建，为培养高级时尚营销管理人才服务。

本书的结构及特点

本书的结构为时尚营销的理论探讨和运营实践分析相结合。内容分为五大板块：时尚的本质和消费需求分析（第一章、第二章）；时尚营销的理论界定（第三章、第四章）、时尚营销的传播学和经济学解释（第五章、第六章）；时尚营销的运营创新和效益分析（第七章、第八章）；时尚营销案例分析（第九章）。

第一章分析和讲解时尚的内涵、产生机理、生态机制、特征及表征等方面涉及的具体内容，以探讨时尚是如何从人类社会的使用中生成的，以及如何理解构成时尚变化与不变的因素，旨在通过把握时尚的实质解读、探寻与实践有关的当代时尚营销策略和创新思路。

第二章从消费者的时尚观念、时尚生活、时尚需求、时尚行为四个方面展开论述，从消费者视角盘点和解读时尚消费，阐释消费者对时尚的认知、追随及相互推动的作用机制，讲解消费者如何将时尚带入日常生活中，进而深入分析消费者生活中遇到的各种时尚现象及问题；此外，从消费者的时尚需求出发，探讨消费者对时尚产品或服务的消费意愿和行为，进而深入探索消费者的时尚需求及行为在时尚产业发展中的传播、导向与催化作用。

第三章立足时尚文化，从产业发展的视角，以时尚与营销的共生交融为基础，深入分析二者共生交融的优势效应、综合影响、融合机理及发展模式，分析时尚作为一种文化形态融入营销的发生与发展机制（生成机制），及其给社会经济发展带来的各种良好效应，重点从消费群体共融和时尚产业共融两方面探讨时尚与营销的跨界融合机理，并从实际应用的角度出发，探索如何通过营销的方式将时尚元素在行业中活化应用的发展模式。

第四章阐释时尚营销的内涵界定、特性、创新及可持续性。基于时尚的认知与消费者的时尚观，分析时尚营销的概念与基本特性，探讨时尚营销的产生原理与运营方法，研究时尚营销具有的文化、社会和经济效应，深入挖掘时尚营销创新的要素。

第五章以营销与传播的内在关联性为基础，分析时尚营销中文化符号的创意性与时尚文化的传播性，探讨时尚营销全过程中伴随的深层次的文化构建与直观的时尚表达。此外，从传播学角度着重分析时尚营销对受众时尚观念、时尚态度、时尚行为及社会生活的影响机理。

第六章以时尚的产生与发展原理为主线，结合经济学的相关理论，首先从时尚产品的信息不对称问题与价值递减规律两方面分析时尚产品的经济价值，其次从供求关系的角度分析时尚营销的市场机制，最后从时尚相对稀缺性和时尚需求快速变化的视角探讨时尚营销的价值创造循环机制。

第七章针对营销活动中时尚具体化应用的方式，探讨时尚营销的通用运营模式，挖掘和创造时尚基因（其作用机制是决定时尚的呈现方式及其变化）的转化使用方式，并分别从技术创新、内容衍生、事件活动、渠道融合的角度分析时尚基因的创新应用与推广模式。

第八章重点阐释时尚营销对产业定位、消费文化和经济发展的关系及效应分析。

第九章通过实际案例分析，介绍企业如何识别和界定时尚消费者，如何搜集和使用时尚基因，如何把时尚基因转化运用到营销实践活动中，为企业的营销战略服务，最后探讨了时尚营销实践活动中的消费者体验与顾客关系管理等问题。

本书的主要读者对象

本书的定位介于核心营销课程和高级营销战略课程之间，可供大学本科生和研究生使用，也可供相关从业人员使用。本书以时尚行业的实际经验为基础，兼具理论性与实用性，不仅具有时尚营销的学术研究价值，而且尝试将相关概念运用到时尚营销的实际工作中。本书案例种类多样，希望能对服饰、箱包、化妆品、家具、旅行等营销领域的从业者具有参考价值。

著者

2025年1月1日

目录 CONTENTS

第一章
时尚的定义

时尚是被用来表征时代的文化符号（对文化的创造与表达），它在生活形态的流变中作为一种风尚，呈现出特有的风貌、风情、风俗，具体表现为能够反映社会观念和价值诉求的形态与方式；时尚以变化、创新、再现（凝练、升华）为目的与机制，为现实生活和观念意识充实内容，在物质与精神的同构中推动着社会文化的演变、发展与进步。

时尚的外延已经延伸到了各行各业，时尚感正在为各个行业注入新鲜的活力，同时也赋予了时尚鲜活的生命体征。时尚是一种价值理念，代表一种生活方式。随着中国市场消费升级，时尚态度已成为人们日常生活中不可或缺的生活理念，时尚生活已成为人们日常追求的生活体验。同时，互联网环境的氛围圈也催生了人们时尚观念与诉求的不断变化及新生。

为了理解时尚的基本内涵及外延，本章将从时尚基本问题入手，分析和讲解时尚的基本内涵、产生机理、生态机制、特征及表征等方面涉及的具体内容，以探讨时尚是如何从人类社会的使用中生成的，以及如何理解那些构成时尚的变化与不变因素，旨在通过把握时尚的实质来解读、探寻与实践有关的当代时尚的营销策略和创新思路。

第一节　时尚的内涵

一、时尚的本源是文化

时尚是表征时代的文化符号。任何事物只要能够将一个时期的流行文化与社会环境传递出来，时尚就会随之产生。因此，可以说时尚本质上就是一个时代的文化或象征。广义而言，时尚是为了满足一个时期的文化需求而进行的一种引领潮流或创造价值的象征符号。同时，时尚引导着文化的走向，可以说是最前沿的文化，影响着人们的喜好和追求。

时尚想要表征一个时代，反映一个时期的文化现象，必须满足以下三个条件。

第一，时尚要能反映当时的社会环境。

第二，时尚要能代表当时人们的价值理念和生活形态。

第三，时尚要能反映人们当时的审美态度和社会思潮。

时尚本身没有意义，是一种外在表象的象征符号。时代赋予它什么文化内涵，它就有什么内涵意义。时尚是文化的外部形象，文化是时尚的内涵。从外在表象来说，主要包括潮流趋势、着装形象、生活方式、时尚产品、时尚服务、时尚活动等。从内涵来说，主要包括社会环境、社会思潮、风俗传承、人类心理、思维定式、个人审美等。时尚就是借助人们外部活动的形态与时代文化内涵的张力，活跃在社会大舞台上。

正如每个人都是独特的，每一个时代的时尚也都有其独特之处。但是最精粹的时尚，其独特的优质外部表象出自时代赋予的文化内涵与品位。这种内在时尚内涵不只是人类的生活形态、理念及创意的映射，也源自社会环境与现实生活的烘焙。一种真正的时尚乃是呈现人类本身，而不仅仅是时尚本身。对于任何时尚形态，这句话都是适用的。因此，时尚就是表征时代的文化符号，是对社会文化的创造与表达，它带着我们领略每个时代中极具创意、非常流行的社会风尚，并向我们呈现出时尚对人类的形象、生活、文化、和谐与体贴的作用机制，为现实生活和观念意识充实内容，为人类带来一种愉悦的时尚感。时尚就是在物质与精神的同构中推动着社会文化的演变、发展与进步。

时尚和文化都有一定的历史性和周期性。从历史的视角来看，文化在历史的长河中不断地发生演变，时尚在整个文化历程中也随之不断地升级换代。因此，为了更好地理解时尚的本源，我们要将面对时尚的视野放大到最辽阔的历史领域，了解每个历史朝代中时尚的思想、观念、形态及作用，找出它真正作为时代标志的文化符号。从周期的视角来看，时尚生命周期的长度难以预测，而且时尚的接受周期是非常短的，通常很快进入公众视线，并被少数想要突显自己与众不同的群体追随，随着追随的人越来越多，这种时尚也就很快衰退了，而这种时尚折射出来的文化理念和生活方式却会以这样或那样的方式延续或重现。可以说，时尚与文化既是形式与内涵的关系，又是局部与整体的关系。时尚与文化就是这样相辅相成的，共同推动社会的发展。

二、时尚是一种价值观念，代表一种生活方式

时尚代表的是一种和谐的生活方式，这种和谐是某一类人在某一个时代的认知、观念、心理、行为、形态等共同运作而呈现出来的社会风貌。可以说，时尚是一种价值理念（认知、观念、心理现象），代表一种生活方式（形态与行为）。时尚生活方式是人类关于时尚事物的活动、兴趣、意见和观点。

从社会学的角度来看，时尚是出现在某一类人的活动领域中，即某一特定的群体在某一特定的时期内推崇的思想观念、行为方式或文化产品，代表着这个时代崇尚的审美趣味和流行的审美风尚，从而构成了这个时代独特的文化与生活方式[1]。那么，时尚如何能代表一种生活方式？根据美国市场营销协会（AMA）观点，在消费者行为领域，生活方式指个人表现出的一系列与他们的身体和心理环境有关的行为。具体来说，它在理论科学中用来描述消费者的价值、态度、信仰和行为模式。生活方式通过活动、兴趣、意见和价值观的形式，体现在工作和休闲中，由消费者的行为、喜好和想法组成，可以说是一组反映个体心理关注（内部信念）和社会后果（外部刺激）的行为。

本书认为，时尚生活方式是某一类时尚消费群体的独特生活模式，反映了他们共有的时尚价值观和时尚品位，外显为个体的时尚生活状态及其表现的活动形式、心理态度和行为特征。因此，时尚生活方式的外延比较宽泛，涉及时尚生活的各个方面，既包括体现流行特征的物品和活动，也包括流行的风尚、方式、态度和理念等心理体验[2]，如服装、配饰、化妆品、运动、美食、珠宝、家具、居住及思想潮流等。狭义的时尚生活方式更具体，特指能够体现受众衣着和品位的物品，包括时装及与时装有关的饰品，反映个体的外饰着装风格和潮流趋势[3]。

三、时尚态度已成为人们日常生活不可或缺的生活理念

态度是个体对特定对象（人、观念、情感或者事件等）持有的稳定的心理倾向。这种心理倾向蕴含着个体的主观评价以及由此产生的行为倾向。时尚态度是指对有关时尚现象或事物持有的相对稳定的心理倾向。《辞海》对“理念”一词的解释有两条，一是“看法、思想。思维活动的结果”，二是“理论，观念（希腊文 idea）”。时尚态度通常指思想，有时也指表象或客

---

[1] 孔令顺. 时尚传播：身份的体认与学科的拓展[J]. 现代传播，2016，38（12）：72-76.
[2] 赵春华. 时尚传播[M]. 北京：中国纺织出版社，2014.
[3] 张昆，陈雅莉. 时尚传播与社会发展：问题和反思[J]. 社会科学战线，2015（3）：168-175.

观事物在人脑里留下的概括形象。时尚生活理念指针对时尚生活现象或事物的观点和思想。可以说，时尚是一种态度，一种生活理念。

时尚态度在与社会文化和生活形态结合之后，才得以在大众社会中呈现出普遍化和渗透化的趋势，形成一种时尚生活理念。当今社会崇尚创意、活力、个性、独特、包容等社会风貌，这无疑给时尚创造了很好的社会氛围和成长空间。人们对各种时尚信息的敏感度越来越高，开始模仿和跟随各种时尚装扮和时尚生活，也愿意尝试各种时尚活动和时尚服务。还有一些人认为时尚不仅可以让自己看起来时髦，还是表现自己独特个性和自我风格的法宝，在追逐潮流的同时，还能够忠于自己的时尚态度。时尚态度是目前的潮流，它不是个性的对立面，而是那些试图在生活方式和社会交往中追随时髦、彰显个性的人不可或缺的心理倾向。

四、时尚生活已成为人们日常追求的生活体验

时尚生活是人们崇尚和追求的一种生活状态，是每一个人都能享受的高品质生活体验。当前，时尚信息空前丰富，包括图片、文字、符号、消息等与时尚有关的一切内容，这些信息内容有形或无形中裹挟着每一个人，并渗入人们的精神和物质生活中，内化为人们的生活方式与生活形态，进而形成一种时尚文化。文化是人类生活要素形态的统称，包括衣、冠、文、物、食、住、行等。时尚文化是时尚在人类一切生活要素形态中的渗透与融入，它不是一个空洞的概念，而是由每一个细小的时尚选择组装而成的。每一次选择都引领一种时尚生活的体验，见证了人类时尚生活质量的富足与提升。可以说，时尚生活是时尚文化的一种外在表现形式。

今天，我们意识到人们对美好生活更高的追求与时尚消费的需求。为此，时尚从衣、食、住、行等圈层渗入，通过服装、配饰、家居、运动、休闲等载体，以充满吸引力与美感的方式为人们的日常生活注入时尚的动力与审美的品位，旨在引领人们尝试和体验时尚生活。针对时尚客群鲜明的时尚定位特点，各行各业开始筹建时尚生活体验馆，打造“一站式”购物生活环境这一新型商业形态，以迎合时尚消费群体的口味。同时，我们也应该意识到人们对时尚的意识和兴趣，促进了人们对时尚生活体验的追求，也有力地推动了人类的生活更加美好。

第二节　时尚的产生机理

一、时尚是对文化的创造与表达

文化是时尚的基础和整体本质。它准确地反映了某一个时代的社会观念，以及那个时代的人们如何在日常生活中展现时尚。它不涉及具体的产品、服务或活动，而是一个类似符号学中的

"文化符号"的时尚象征。从社会文化变迁的角度来看，时尚的发展历程是社会观念不断进化的产物。不同时代都有属于反映当时社会意识形态的文化符号，这些文化符号以各种各样的载体与时尚相关联，反映当时人类的社会观念和生活意识形态。

时尚是一种包含着十分潮流的时尚意识、与众不同的生活体验的社会观念，它确定了文化创造与表达的原则，可以真正作为时代标志的特征。时尚是人类体验过某一个时代的相关产品和服务之后，从中得到的重要的情感性和物质性收益。时尚必须在寻求不断超越的社会意识形态和力所能及的社会现实之间取得平衡。时尚必须是对现实社会观念的延伸与发展，以促进人类不断将超前的社会意识形态转化为现实。

二、时尚是对心理的反映与诠释

时尚价值观是人类在一定思维感官之上对时尚的认知、理解、判断或抉择，也是人类认定时尚事物的一种思维或取向。时尚价值观是人们对时尚事物、时尚现象、时尚发展规律等相对稳定的、深层的认识，来源于人们对时尚的接受程度、判断标准及呈现出来的时尚意识、时尚倾向、时尚评价的观念系统。人们对某一时尚的评价，会逐渐形成一定的时尚意识，并演变为对时尚的价值诉求目标，进而指导和约束人们的时尚行为规范和时尚价值评价准则。

时尚环境的不同会导致个体时尚价值观的差异，经济地位、社会地位、生活接触环境、网络媒体渠道都会对时尚价值观的形成产生影响，进而影响人类对时尚的态度与行为。时尚价值观对时尚行为有导向作用，同时反映与诠释了人类对时尚的心理认知和需求状况。

三、时尚是认知与观念不断改变的产物

时尚是社会发展过程中物质丰富催生的结果，也是时代文化及特征的反映。从17世纪西方贵族掀起的以佩戴昂贵的白色假发、涂脂抹粉为时尚的奢靡风潮，到20世纪因战争的原因推动了时尚服装从繁至简的演变，再到近年来倡导的环保低碳的绿色生活理念。时尚的流变由经济技术发展与物质文化变迁共同推动，从生产型文化逐渐转变为消费型文化。

时尚具体表现为某一特定时期内社会生活中或大众内部产生的一种思想观念或社会思潮，以物质和精神的形式存在，也呈现为一种行为方式，这些社会思潮或行为方式影响着大众的时尚观念和时尚价值判断标准。反之，大众的经历、个性等也影响着时尚认知和时尚观念的形成。因此，时尚本身是一种创新，是时尚认知和时尚观念及行为方式不断创新的结果。

四、时尚是文化现象与心理现象的精神载体

雷蒙德·威廉斯（Raymond Williams）在《漫长的革命》一书中指出，"社会的文化"是包括社会成员之间交流的一种特殊的生活方式。时尚作为一种重要的文化现象，能够承载

人们在精神方面的诸多追求。时尚体现了人们在某一特定时期内想要追求和向往的事物。时尚是一种普遍的社会文化心理现象，反映了某一时期内大众对社会中特定的思想、观念、行为、语言等共同的崇尚与追求，表现为这一时期内大众都在实践和追随的一种新的物质生活方式和精神生活方式。

时尚的模仿性和从众性使大众具有群体归属感，大众通过求同来适应社会和流行，满足大众的协调性愿望。另外，时尚的创新性也成为大众表达个性的一种行为模式，大众通过求异来张扬个性，表达自己的差别化愿望。大众求同和求异的两种矛盾心理机制成为时尚产生的心理条件，催生了时尚，实现大众自我概念与社会认同的统一。时尚也表达了大众的社会身份、社会地位、生活方式、职业特点等信息，传达出一定的社会文化功能。

五、文化符号是社会观念与价值诉求的时尚承诺

文化符号是某一个时代的时尚象征，是这个时代大众社会观念与价值诉求的规律性、一致性表达。从历史的视角来看，文化符号是把整个文化历程中有关时尚的观念、形态、作用按照某种演进过程加以提炼，形成它真正作为时代标志的特征。如20世纪80年代，人们习惯到国营商店买布，然后找裁缝师傅做衣服。裁缝师傅用皮尺先进行量体，然后两三周就做成一套新衣服。后来，这样的手艺渐渐地被性价比高的流水线替代，裁缝师傅渐渐淡出了人们的视线，随之而来的是流水线工厂。现在，这样的手艺又以“高级定制”的形式出现在人们的日常生活中。

一个时代的文化符号是通过传承与创新继承下来的。每个国家、每个时代、每个民族都有其独特的文化象征符号。时尚就是大众生活与这些文化符号强烈融合后的产物，表现为各种不断涌现的新思想、各种造型的建筑、各种款式的服饰，以及各种文学、艺术、饮食，甚至各种价值观等。追寻某个时代独特的文化符号，发掘这一特定时期内发端流行、长期积淀并不断传承发展的带有文化痕迹的社会观念、价值诉求及行为模式，就是对某一时期时尚的规律性诠释和一致性表达。

六、生活方式是社会观念与价值诉求的时尚表达

社会生活中或大众内部产生的社会观念与价值诉求是一种适应当时社会文化环境、影响大众价值观念的非常规律的社会心理现象，表现为一种包含一定文化意义的活动形式与行为特征的流行现象，并最终通过生活方式体现出来。生活方式是人的“社会化”的一项重要内容，一般包括人们的消费生活方式、精神生活方式及休闲生活方式等内容。它通常反映个人的兴趣、爱好和价值取向，具有鲜明的时代性和民族性。

生活方式对人们的消费及社会的时尚有着巨大的影响。我们调查显示，偏开放型性格的人

群在休闲方式的选择上更喜欢微博、论坛等；具有严谨型性格的人群在选择休闲方式时对电子产品相关的休闲方式并不喜爱；具有外向型性格的人群更倾向于具有社交性质的棋牌娱乐，而不喜欢阅读、看电视、画画等"静态"娱乐方式。可见，不同性格、不同阶层和不同职业的人有着不同的生活方式，又会反作用于一个人的思想意识。因此，时尚生活方式是随着社会的发展而演变的，它的变化会直接或间接影响人们对社会时尚的思想观念与价值追求，进而影响人们的行为方式。我们可以通过生活方式来判断一个时代、一个国家、一个民族的时尚文化背景、时尚消费方式等。

第三节　时尚的生态机制

生态时尚，也称为可持续时尚，是从可持续性科学的视角对时尚研究的补充，即考虑到时尚在环境保护和社会责任方面的功能，包括时尚的整个生命周期对环境和社会的影响。本节拟从生态学的角度研究时尚问题，从时尚生态系统结构、表现形式和过程等特征出发，探讨时尚的产生和时尚产业的可持续发展。本书认为，基因是时尚的存在方式，这种存在方式的基本因素在于它和周围外部环境的不断相互作用。外部环境中的文化、产业、市场等要素对时尚基因的生成、变化甚至发展的综合影响便形成了时尚生态（图1-1）。

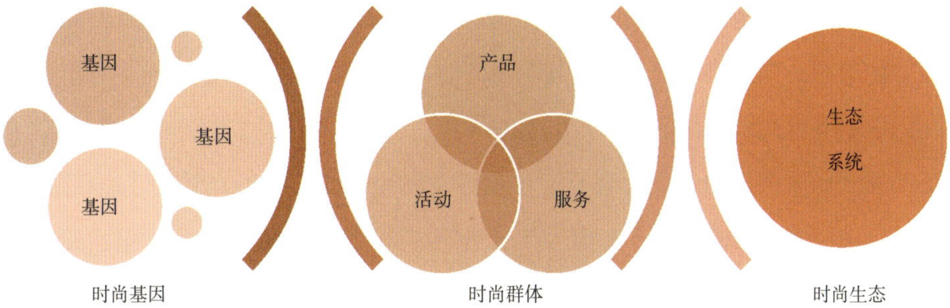

图1-1　时尚基因的进化过程

时尚生态系统是在一定时空范围内由时尚群体及其社会环境组成的一个整体。这个整体的各个要素之间通过时尚基因的流动、组合、变化及相关信息的传递相互关联构成一个具有自组织和自调节功能的系统。时尚生态系统主要由社会环境、时尚基因、时尚群体、时尚消费者和时尚生产者组成，形成时尚生态系统的特有结构（图1-2）。时尚的多样性是时尚基因进化的产物，表现为丰富多样的时尚生态表现形式和不断进化的社会形态。

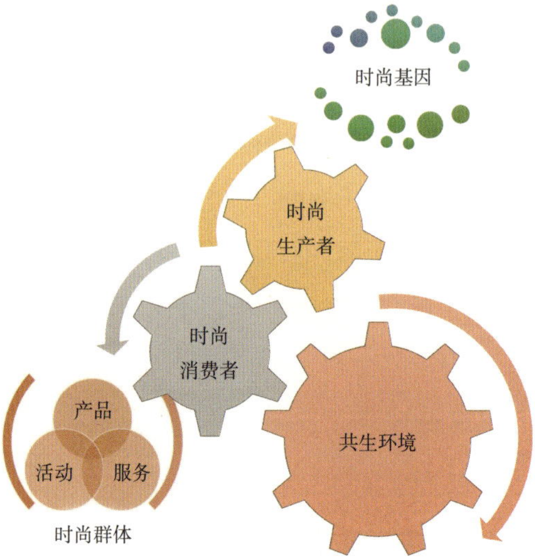

图 1-2　时尚生态系统的结构

一、时尚生态是人类文明不断进步的社会形态

从时尚的本质来看，时尚生态是伴随着生态文明出现的社会形态。生态文明强调的是人与自然和谐发展的社会形态。如果说文化变迁是人类文明产生的动因，那科技就是人类文明进步的驱动力。一方面，高性能纤维面料、新材料技术、纳米技术、可穿戴电子设备、生物技术等高新技术的出现给时尚产业带来了新一轮的革命，诠释了科技的强势力量产生的经济效益和社会效益。科技进步、经济增长、社会发展势必会提高人类认识与改造世界的能力，从而促进人类文明的进步。另一方面，与之相应的人类社会活动也发生了变化，如人们消费不断升级，对物质生活和精神生活有了更高层次的追求，而且越来越注重精神上的愉悦、体验和希望。因而时尚承载与传承的文化价值将远远超过其本身的使用价值或功能价值。时尚生态正是在科技与文化的共同推动下对传统文化的继承与创新。

然而，在欣欣向荣的时尚产业背后，环境污染和社会责任正在给全球时尚产业敲响警钟，要求时尚产业在快速发展的同时，考虑人与自然的协调发展，这是人类文明进步的表现。在经济效益的驱动下，时尚产业以满足消费者需求为导向，不断缩短服装销售周期，不断提供大量款式多变的服装，导致服装过度消费。随之而来的就是巨大的能源消耗与浪费、水资源污染、土壤污染等问题。政府、企业等时尚产业的相关利益方都已经意识到这些社会问题的严重性，并采取各种相应措施来缓解或解决这些问题。

二、时尚基因与共生环境的融合发展是时尚生态系统运作的基本法则

时尚基因与社会环境的共生模式折射出时尚出现在人们生活的方方面面，二者相互共生产生的新作用关系使时尚生态表现形式多样，出现在产业、商业、生活等各个领域。时尚基因的

本源是文化基因，其传承和创新的模式与时尚生态的进化模式一致。时尚文化基因是时代自然选择的可传承的时尚经典特质，具有强势的文化烙印及其审美模式，能够适应当时当地所处的环境和满足大众的需求。需要强调的是，时尚文化基因的选择及传播方式具有强烈的不确定性，与不同的环境相互作用会产生不同的共生融合结果，展现出时尚文化基因具有很强的扩展性。

时尚生态系统运作的基本法则正是在不同共生环境中时尚文化基因的传承与创新，包括时尚文化基因的符号识别、群体进化、共生演变、生态发展等运作形式（图1-3）。与时尚群体的性质一致，时尚基因可分为显性基因与隐性基因。显性基因通过产品、文化和艺术等形式呈现出来，易于被观察。隐性基因支撑着商业业态、生活方式、城市风尚等。显性基因和隐性基因共同作用形成时尚生态（图1-4）。

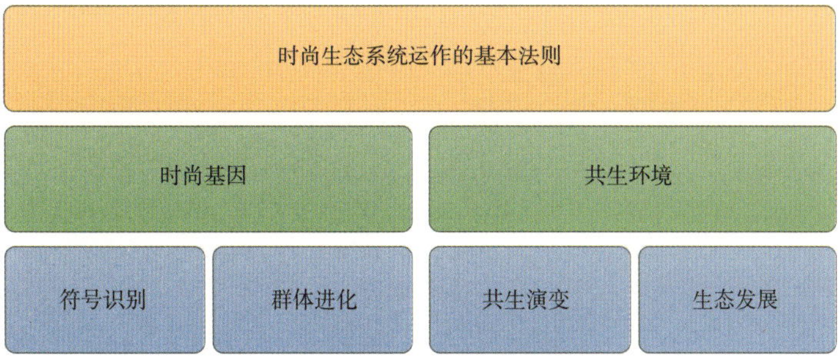

图1-3 时尚生态系统运作的基本法则

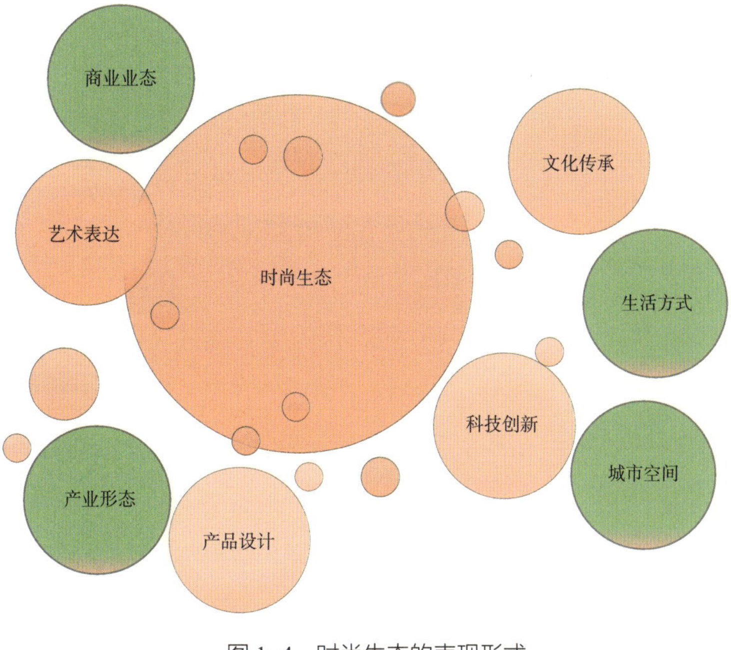

图1-4 时尚生态的表现形式

三、文化、产业、市场和环境要素是时尚生态系统的驱动因素

时尚基因的外部环境受文化、经济、行为、市场等要素的综合影响，形成了一个具有自组织和自协同功能的时尚生态系统。这个时尚生态系统处于技术水平、社会环境、经济水平、政策法规、区位环境相互作用共同形成的共生环境中，通过内部各时尚基因单一或相互的变化与组合，产生一种有序自组织的共生结构。基于共生作用产生的结果，在构成的时尚生态系统中，内部时尚基因相互作用产生一种巨大的驱动效应，从而影响时尚产生与发展的过程，并促进时尚生态的进化过程。

时尚生态系统及其所处环境的相互促进、相互激励也推动了时尚生态系统中各基因单元及各种资源的优化配置，形成多样性的共生环境（图1-5）。其中，区位环境主要是指时尚生态系统所处的地理位置、环境气候、交通条件、人口因素等资源，是系统建立和发展的硬环境要素。社会环境主要是指时尚生态系统所处地域的文化环境，包括文化氛围、社会风貌、生活方式等，是系统建立和发展的软环境要素。经济环境主要是指时尚生态系统所处区域的经济水平、时尚消费需求及配套的时尚供给水平等，是系统建立和发展的核心环境要素。技术环境主要是指时尚生态系统所处区域的技术水平、创新水平、研发水平、人才资源等，是系统建立和发展的基本环境要素。

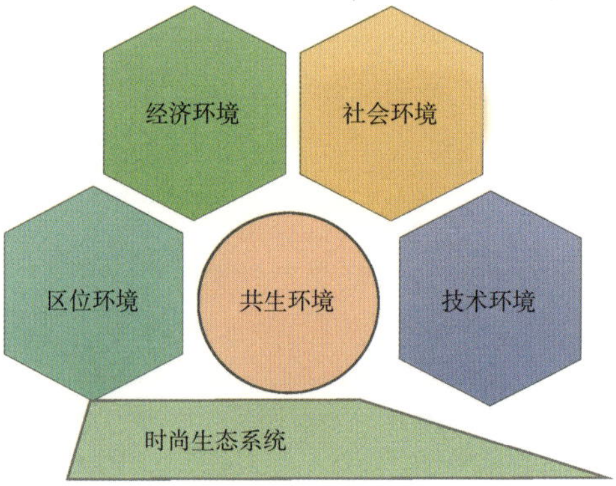

图1-5　时尚生态系统的驱动因素

基于生态学理论，时尚生态系统的共生环境对其区域内的时尚基因和时尚群体具有重要的导向作用，且对时尚消费者的生活方式和时尚生产者的生存方式也会有相当大的影响。如大众对时尚的追求不仅仅停留在物质层面，更加注重精神的满足，那时尚生产者就要利用环境中的各种资源满足大众不断升级的时尚需求，以便最大限度地进行激烈的市场竞争。共生环境也会在该过程中被迫改变，以此维持整个时尚生态系统的平衡与和谐发展。因此，文化、产业、市场和环境等要素在时尚生态系统的共生环境中积极发挥促进作用，推动时尚生态系统与环境相互融合与相互共生，最终实现时尚传承与创新的进化模式。

第四节 时尚的特征

一、时尚的消费性

时尚的消费是一种融入了时尚价值理念的消费行为，也是一种以时尚文化为流通形式的消费文化。消费在传统社会指一种经济意义上的行为活动，是为了满足人们对某种物品的功能性需要，发挥商品使用价值的过程。而今，消费演化出了更多的属性和特质。王宁在《消费社会学》一书中将现代社会的消费属性归结为自然属性、主观属性、社会属性、文化属性和符号属性。更简略而言，可将与商品有关的消费属性分为自然属性和文化属性（即符号属性）。前者是经济学意义上商品的使用价值，后者则赋予了商品除实用价值和交换价值以外的符号价值。在文化属性中，商品与消费被置于同一个文化母体中加以诠释。在日常消费过程中，消费的符号意义与商品的符号意义相互联系，人们会接收到消费和商品共同传达的多重意义。这种符号价值的传递，使某个商品得以展示并区别于其他商品，从而形成一种特有的文化内涵。服饰、美妆、日常生活用品、交通工具、数码产品等都成为商品表达文化含义和符号意义的媒介。时尚消费的过程也因此成为一种时尚文化渗透的过程。

二、时尚的时新性

消费者对新奇事物的持续追求，成为时尚发展的核心动力。人们对新奇而独特的事物充满好奇心，但是同一个对象的新奇感随着时间的流逝而渐渐消亡，于是新刺激物的产生使人们重新获得新鲜感。在这种循环下，层出不穷的新奇事物伴随着时尚的发展和流行周期性成长，在不同的阶段展示出不同的风貌。在时尚孕育之初，时尚的创造者将为人熟知的事物进行再创造，赋予其新的意义，形成新的流行风尚。这种流行风尚的影响力开始扩散蔓延，进入时尚发展历程的大众认同阶段。越来越多的人从这种新的流行风尚中获得新的感官刺激，并对新的流行风尚进行筛选，将他们接受和推崇的流行风尚保留下来，这时流行风尚产生的强大影响力和消费力被推上高潮，新的时尚便形成了。接下来，新时尚发展进入缓慢消减时期，这段时期内大众对流行的时尚产品与时尚理念已经熟悉，此时的时尚审美观念获得大众普遍的认同。越来越多的人加入追逐该时尚的行列，时尚对消费水平的刺激更为明显。此时的时尚将不再因其独特性和新奇性而受到关注，更多的是受到人们从众与模仿的心理影响。于是，时尚发展的周期又进入新一轮培育的阶段——时尚的进化。该阶段与上一周期时尚孕育阶段首尾相连，形成一种周期性成长的状态。在如此周期成长的过程中，新奇事物将持续不断地被创造，并被引入社会各个阶层。尽管时代语境不断转变，但时尚的进化都能给予它强大的适应能力。

三、时尚的流动性

时尚的流动性是大众的心理因素与外界环境因素互相渗透、互相作用的产物。各个时代的时尚都有其流行的特点。时尚的流动没有具象的概念，它的存在与表现方式是多样的。如某个时代一段时间内出现的事物、观念、行为方式逐渐被大众接受、采用、迅速推广并逐步淘汰，这表明时尚是有生命周期的。时尚生命周期，简称时尚周期，是时尚的市场寿命，即一种时尚从开始进入市场到被市场淘汰的整个过程。此外，时尚的流动性还体现在具有循环交替、反复出现的时尚现象中。如服装款式、服装风格、服装色彩按照一定的时间间隔重复出现的现象表明时尚的流动具有周期反复性。在时尚行业中，时尚的流动性指时尚按照一定的时间间隔，有规律地起伏波动，每隔若干年出现一个流行高峰的现象。

四、时尚的多样性

从历史文化的长河中看待时尚的传承与创新，借鉴生物进化论观点，我们会发现时尚是有生命的。时尚的多样性是时尚的外在表现形式，呈现丰富和多样的特点。时尚多样性的形成是时尚基因在不同时期和不同环境中变化的结果。

任何一个时代都保存着丰富的时尚基因，它们对这个时代的社会环境具有非常强的适应能力，也能够被这个时代的大众推崇与追随。同时，它们也随着社会环境的变迁与大众需求的转变而产生多样的基因组合与基因突变，以各种各样的方式实现时尚基因的传承与创新，继而推动社会时尚的发展。因此，时尚多样性就是时尚基因及其环境形成的时尚复合体以及与此相关的各种时尚进化过程的总和。大众在日常生活中离不开时尚多样性，主要体现在时尚基因的多样性、时尚生活的多样性、时尚态度的多样性、时尚消费的多样性等方面，以满足大众各种各样的时尚需求。

五、时尚的衍生性

在新的时代背景下，时尚可以产生衍生价值，不仅可以促进时尚的普及与进化，还可以推动各种商业模式及其应用不断涌现。通过时尚本身价值的分析，我们可以拓展时尚的衍生价值，丰富时尚文化的内涵。当今社会，生活中各种时尚产品、时尚服务、时尚活动都受到大众的广泛欢迎，因此围绕时尚产生的衍生业务隐藏着巨大的市场价值，可以带来巨大的商机和利润。时尚的衍生性，更多的是其在使用及营销过程中，立足于为大众的时尚需求提供相对应的时尚产品或服务。对于企业而言，时尚衍生品或时尚衍生业务的开发是产品设计与市场营销过程中创新的生产空间，是实现企业时尚资源创新利用的有效手段。时尚衍生性的有效利用，可以帮助企业实现时尚资源潜在价值的开发，极大地拓展时尚产业的市场想象空间和盈利空间，也在一定程度上推动了时尚本身的繁衍。

六、时尚的模仿性

模仿是人类的天性和本能。中国现代著名作家茅盾曾说过："模仿是创造的第一步，模仿又是学习的最初形式"。时尚的社会化发展离不开模仿，通过模仿，不仅能够复制行为，而且能够对模仿的行为进行创造。大众对时尚的学习模式既是时尚的社会化过程，也是时尚的模仿过程。大众本能的"求新"与"好奇"的心理需求也给时尚的模仿提供了土壤与营养。时尚的起源是人类对新鲜事物的模仿，它依靠人类的模仿才渐渐形成大众推崇与追随的流行或潮流；在模仿过程中，它依靠人类的创造性思维被创新或改进，以满足人们对吸引力和差异化的渴望。在这个意义上，时尚的模仿性正是人们求新欲望的直接产物。时尚本身就是一种模仿，一种行为方式的模仿。

七、时尚的大众性

时尚的大众性主要是指时尚消费的平民化。时尚不再是奢侈品的专属权，而成为大多数人消费得起的消费体验。一些快时尚品牌打着为平民抢夺时尚的旗帜，以平民化、潮流化的姿态涌入市场，深受广大消费者欢迎。香奈儿（Chanel）"简单、纯粹，并来自生活"的设计理念开创了时尚的平民化先锋。这些都表明时尚消费的平民化趋势。时尚传播内容的大众性、广泛性使时尚更易走进人们的生活，推动时尚平民化的进程。时尚体验也已经深入人心，涉及日常生活的方方面面，成为国民消费的重要组成部分。可以说，时尚的平民化消费是经济发展到一定阶段必然流行的生活方式，是人们对时尚认知与观念发展到一定程度必然出现的消费需求。

八、时尚的和谐性

时尚的精神是"和而不同"，时尚的风貌是"和谐之美"。首先，时尚是通过许多技术、艺术、文化等显性与隐性基因元素的组合变化而构建的综合生态系统。这一生态系统中的基因元素包罗万象、多种多样，而其呈现的整体视觉却和谐统一，形成了一个动态和谐的整体。其次，时尚伴随着大众求同与求异的矛盾心理而萌芽并成长，使人们在社会生活中互相模仿、互相追逐，甚至互相竞争，但时尚总是能最大化地满足大众对于物质和精神的双重需求，为大众创造一个美好和谐的生活环境。最后，时尚强调的是具有差异性的不同事物共生、共存的协调统一，从这个意义上讲，时尚具有无限的延伸性，可以跨越时间与空间的限制而实现传承与创新。和谐可以说是时尚的最高境界。

九、时尚的传播性

时尚普遍存在于大众的社会生活中，时尚的传播就是体现时尚的各种具体的形式。如人们的审美追求产生了一种对时尚的追随；某个时期流行的政治导向与思想观念会影响人们的时尚价值观；明星的引领和示范、广告的炒作、舆论的导向都会产生一种时尚。因此，时尚的传播就是人们通过一定的途径和方式，在社会交往活动中直接或间接地传递与时尚相关的各种信息。但人们需要把握时尚的价值导向，引领科学的时尚价值观，正确引导人们合理追求时尚。因为时尚本身积聚了巨大的文化能量，一旦传播开来，每个个体都是时尚传播的参与者，都有权利表达自己的时尚观点。这是时尚传播背后不可小视的社会力量，这股力量提供了时尚变革的某种可能性。人们为了适应时代，为了求得与大众的一致，会先后步入潮流者的队伍，成为时尚推波助澜的大众力量。

第五节　时尚的表征

一、时尚是具有时代特征的流行

时尚经常被称为流行，但时尚不等同于流行，具有时代特征的流行才称得上时尚。流行是在某个时代、某一时间段内广泛盛行的一种事物或信息，也可能是昙花一现，是趋于大众化的社会现象，具有时间性特征。时尚是一种重要的文化现象，承载着人们在精神方面的诸多追求，被越来越多的人认可并追随。因此，时尚包含着一定的文化意义，能够表征各个时代的文化符号，代表的是时代的精神或风貌，可以作为时代的象征和传承，具有永久性特征。

本书提出的时尚基因理论认为流行是时尚基因存在的前提条件，它随着时代的演变在某一时期、某一区域被大众接受、推崇，并很快流传到社会而影响大众的行为模式和生活方式。其中，那些流传下来的经典的流行便成为这个时代的文化符号，影响这个时代大众的观念意识与社会的形态样式。接下来，这些具有时代烙印的文化符号在历史的长河中经受自然选择和时代打磨，不断萃取出它的本质和精神意义，打造出这个时代能够促进文化发展的时尚基因。流行与时尚的关系如图1-6所示。

因此，时尚是时代演变的产物，是流行传播的结果，是文化符号的内涵和精神。时尚的进化可以用来表征文化的发展、社会的进步、大众的观念意识和社会形态样式的演变（图1-7）。

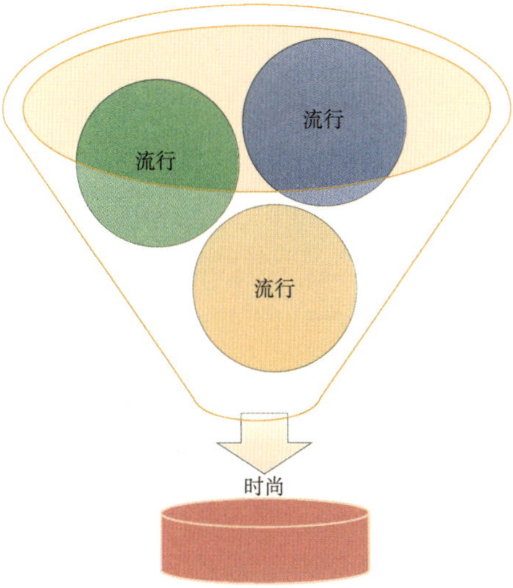

图 1-6 流行与时尚的关系

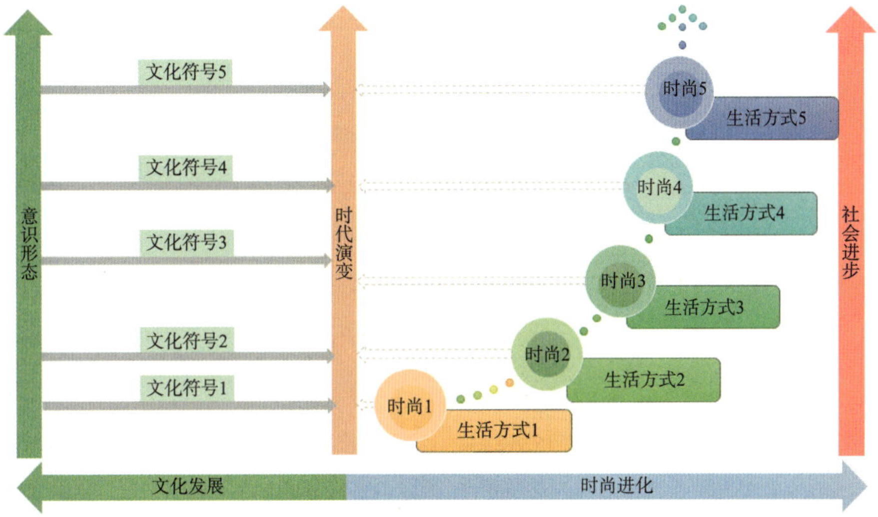

图 1-7 时尚的表征

二、时尚是具有时代特征的文化符号

文化符号是由时尚基因进化而来的时尚单元，在不同的历史时期，时尚单元被赋予不同的象征性意义。人们通过时尚单元的排列组合来建构生活和意义的符号体系。在时代背景下，时尚反映了大众与社会、文化之间普遍而又独特的互动方式。在各种各样的互动过程中，大众通过对时尚单元象征性意义的接收、选择、组合与改造等，使时尚成为具有表意功能的文化符号体系。因此，时尚正是一个国家、民族在历史发展进程中逐渐形成的具有象征意义的文化符号。这些文化符号以时尚产品、活动或服务的外在形式满足大众的物质和精神需求，同时以特定文化内涵和意义的象征形式承载着时代的特征与精神。

纵观时尚的发展历程，时尚与文化符号在某种程度上是外延和内涵等同的概念，时尚的首要和重点内容都是文化，文化符号则是一个重要前提和核心。在此，以符号象征性为主要功能的时尚的发展始终绕不开“时尚基因—文化符号—意识形态”的发展范式，这是时尚发展的必经之路。时尚的时新性、流动性、多样性、衍生性、传播性等，最终都要转变为文化符号的形式，才能得以保存、传播与发展。时尚是一个时代物质和精神高度浓缩的文化符号，也是一个时代被大众普遍认同的文化现象，能够反映出大众对当时的时尚事物、时尚人物、时尚事件及其体现出来的时尚精神的普遍认同，代表着这个时代大众的时尚价值观念。

三、时尚传递一个时代的生活方式与观念意识

大众的生活方式和观念意识是时尚生物系统的外在表现形式，是时尚基因进化的最终产物，伴随着时尚的演变而呈现出不同的社会形态和样式。纵观时尚的演变历史，大众对各个时期的时尚不是机械、呆板地被动接受，而是不断对时尚进行主观再解释、再创造。当一种新的流行出现的时候，时尚便开始产生，随之而来的是大众对时尚予以接受、传播，甚至改变。时尚具有多种社会文化功能，可以用来传递大众的社会地位、职业特点、生活方式、价值标准等。

在大众不断对时尚进行加工和实践的过程中，时尚成为人们自我个性、审美品位和自我形象建构的独特而有效的工具。同时，时尚也成为大众不断取得个体身份象征和社会认同的普遍的符码方式。各个时期大众的生活方式和观念意识也因此成为时尚最显而易见的传播效果，反映了大众普遍接受的时尚价值观。20世纪以来，“精英时尚”不断向“大众时尚”转型，时尚的个体认同与社会认同的身份建构功能逐渐弱化，时尚个性表达的自我建构功能越来越受到大众的青睐。因此，时尚传递的效果是越来越盛行的大众个性消费，大众对时尚潮流的追赶，不仅为了表明自己所属的社会阶层，更多的是为了表达自我的独特个性。

第二章 消费者的时尚观

时尚反映人们的社会心理现象，是能够驱动消费的重大商业元素。时尚消费是一种融合时尚、情感与体验的消费形式，能够为企业提供更多维的市场洞察和用户体验。目前，时尚已经渗透到人们生活中的方方面面。消费者对时尚的理解已经不仅限于服饰、首饰、妆容等传统意义上的时尚领域，还包括数码电子产品、手机、旅游、娱乐、摄影、会展、可穿戴设备等行业。在这样的时代背景下，消费者的时尚观念如何产生，消费者的时尚意识如何变化，这些时尚意识如何体现在生活中，是时尚界同仁及社会各界都需要探寻和实践的课题。

本章从消费者的时尚观念、时尚生活、时尚需求、时尚行为四个方面展开论述，从消费者视角盘点和解读时尚消费，阐释消费者对时尚的认知、追随及相互推动的作用机制，讲解消费者如何将时尚带入日常生活中，进而深入分析消费者生活中遇到的各种时尚现象及问题；此外，从消费者的时尚需求出发，探讨消费者对时尚产品或服务的消费意愿和行为，进而深入探索消费者的时尚需求及行为在时尚产业发展中的传播、导向与催化作用。

第一节　消费者的时尚观念

一、时尚消费的宏观环境分析

借助管理学中宏观环境分析工具PEST（Politics，Economy，Society，Technology），从政治、经济、社会和技术等方面对影响时尚消费的总体环境进行分析。

政治环境：随着消费环境的改善和消费结构的升级，时尚的消费潜力和市场价值有望进一步被挖掘，时尚消费内容及其催生的相关产业随着制度环境和政策体系呈现出一系列转变和扩展，对于发挥新消费引领作用，促进消费升级、引领产业升级的作用日益深化。2015年11月，《关于积极发挥新消费引领作用加快培育形成新供给新动力的指导意见》中首次将时尚消费纳入消费升级重点领域和方向，明确了时尚消费的整体布局和发展路径，也再次凸显了发展时尚产业在我国产业转型升级中的重要地位。2018年9月，《关于完善促进消费体制机制进一步激活居民消费潜力的若干意见》公布，再一次明确提出了消费体制升级的目标蓝图。此外，自2017年以来，各地有关部门不断丰富消费供给和消费选择，提高消费质量，完善消费品质量监测和标准制定，旨在为消费者营造便利、安全、放心的消费环境。政策制度协同为时尚消费发展提供了有力的支撑，为时尚消费推动产业升级奠定了基础。

经济环境：当社会经济处于高速增长时期时，消费也会相应升级。时尚消费正是消费升级的体现。大众对消费的需求不仅仅停留在简单的物质层面，更多的是关注消费体验带给他们精神和审美上的满足和愉悦。时尚消费便是在这样的背景下出现的，它迎合了大众不断升级的消费需求，是一种融合时尚、情感和体验的消费形式，能够为企业提供更多维的市场洞察和用户体验。同时，消费升级也驱动着相关产业的增长，推动经济高质量增长，呼唤和谐的消费环境。企业发现了市场上时尚消费这种巨大的市场潜力和商业机会，为了在激烈的市场竞争中占有一定的市场份额，便通过多种方式挖掘、创造、整合各种创意元素，并将其应用于传统产业，融合制造业和现代服务业的优势，形成了包含多种业态的新兴产业运作方式，推动了时尚产业的形成和发展。

社会环境：据报道，当今中国中等收入人群的数量已超过2亿人，而且随着中国经济的增长，中等收入人群的队伍还在不断壮大。这些中等收入人群都受过大专以上的教育，拥有资产1000万元以上，多定居在北京、上海、广东、浙江、江苏、福建等省市。这部分人群有着相对较高的收入，有着相当的购买力，对流行有着自己的审美偏好，对生活有着自己的精致追求，将会成为市场的主要消费力量。他们的时尚价值观和消费理念影响着时尚消费的市场需求。因此，中等收入人群的数量在某种程度上能够反映出时尚消费的市场潜力。

技术环境：技术环境对人们的消费行为有着相当大的推动作用。网上银行、新媒体技术、智能手机等高新技术为消费者和企业提供了更多的创新产品和服务。基于“互联网+”的信息技术也改变了分销渠道和消费系统，如信息技术环境下消费资源共享、网络商店平台共建、网络订购机票等。新媒体和信息技术的出现改变了时尚的营销与传播方式，如消费者可以通过遍布各地的广告随时随地掌握时尚消费信息，也可以通过微博、微信等各种社群社交网络平台快速分享、表达和传播与时尚相关的信息及观点，进而影响人们对时尚消费的感知与行为。同时，时尚消费对技术环境的推动作用巨大，由于时尚的和谐性、消费性与多样性，时尚的生产系统和消费系统的物质要求都很高，同样对技术环境形成了巨大的压力，如不断要求采用新技术、开发新产品、利用新技术改善服务等。因此，技术的发展直接影响企业的经济活动，为企业提高营销效率提供物质条件。

二、消费者的时尚生活状态

不同的消费者对“时尚”的理解不同，其时尚生活状态也存在较大差异。消费者的时尚生活状态可以从时尚意识和时尚态度两个维度体现出来。我们对1000多位中国消费者做了问卷调查，统计分析结果发现，消费者的时尚意识包括时尚跟随意识、时尚关注意识、时尚趋势掌握意识。时尚态度包括时尚敏感型态度、时尚创新型态度和时尚保守型态度。

看电影或电视、购物、运动健身、阅读书刊是大众选择较多的时尚休闲生活方式，其次是观看艺术展或画展、玩手机或电脑游戏、刷微博或逛论坛，最后还有棋牌、工艺手作、养植物、绘画、养宠物等休闲生活方式（图2-1）。通过对时尚休闲生活方式与时尚意识、时尚态度的相关分析发现，选择购物和观看艺术展、画展为休闲生活方式的人群时尚意识比选择其他休闲方式的人群稍强，且这类人群在时尚态度上表现为时尚敏感型，喜欢棋牌娱乐的人群在时尚态度上表现为时尚保守型。

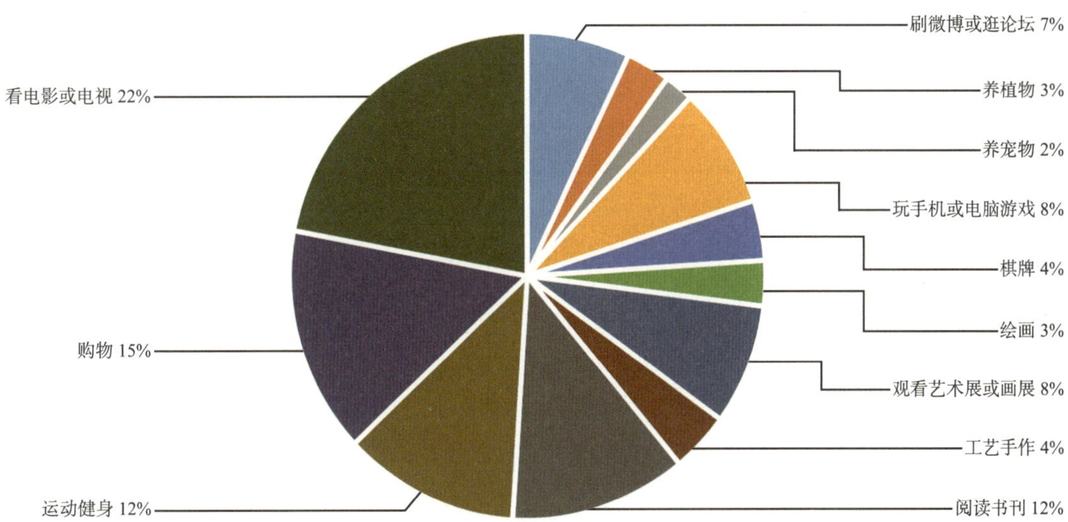

图2-1 时尚生活休闲方式

通过对时尚信息的获取渠道和时尚意识、时尚态度的相关分析发现，时尚意识最强的人群首先选择报纸杂志为主要信息获取渠道，其次选择时尚网站及微信、微博等社交平台来获取时尚信息（图2-2）。时尚敏感型人群更热衷于选择时尚网站及微信、微博等社交平台作为主要的时尚信息获取渠道，而时尚创新型和时尚保守型更倾向于选择报纸杂志作为信息获取渠道。这是由于时尚报纸杂志的时尚信息相比网络媒体更为权威和专业，更容易获得时尚创新型人群的信赖，体现他们具有最强的时尚意识，能够获取更为准确的时尚信息。时尚保守型人群对时尚信息的获取较为被动，需要更为专业的时尚知识来引导，选择报纸杂志对他们来说，能够快速获取系统的时尚知识。

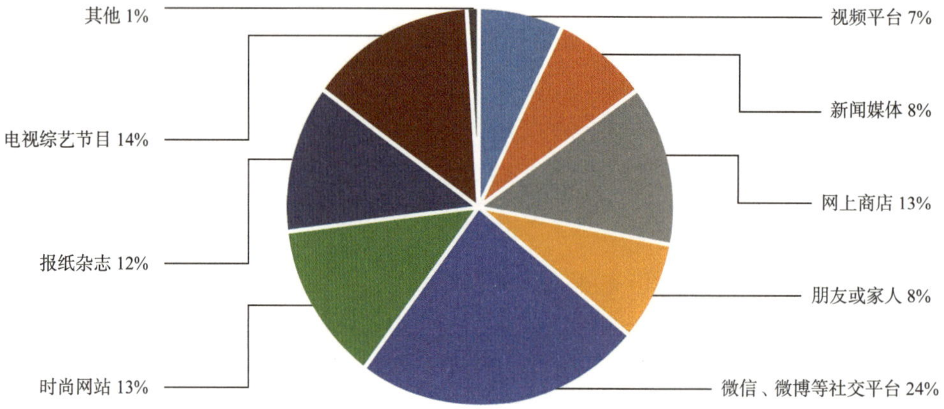

图 2-2　时尚信息获取渠道

接受调查群体的时尚需求类别主要为个人形象需求，对社会形象需求较低。我们分别从消费者对时尚信息呈现形式、时尚产品展现形式、时尚理念展现形式和时尚呈现方式四个方面的重视程度对消费者的时尚生活状态进一步解析（表2-1）。

表 2-1　时尚需求的种类

类别	内容					
时尚信息呈现形式	服饰造型或搭配	时尚理念/态度	时尚生活方式	时尚活动	时尚产品	—
时尚产品展现形式	媒体广告	影视节目	书本杂志、海报	艺术展周边	名人、明星使用	—
时尚理念展现形式	媒体广告	影视节目	书本杂志、海报	艺术展周边	名人、明星使用	—
时尚呈现方式	创新产品	有意义的活动	独特的视觉效果	新奇服务形式	新潮生活方式	潮流发布会

注　从左到右重要程度依次递减。

大众对时尚信息呈现形式的需求或关注程度依次为服饰造型或搭配、时尚理念/态度、时尚生活方式、时尚活动和时尚产品（表2-1）。大众对时尚产品展现形式的需求或关注程度依次为媒体广告中的时尚产品、影视节目服饰造型或使用物品、书刊与海报中的时尚产品、艺术展与画展的相关产品、名人明星私服或使用物品。大众对时尚理念展现形式的需求或关注程度与时尚产品展现形式的排序一致。在时尚信息的传播过程中，产品和理念通常都是相辅相成的，因此在宣传方式的需求程度上，人们对产品展现形式与理念展现形式的关注一致。大众对时尚呈现方式的需求程度依次为创新产品、有意义的活动、独特的视觉效果、新奇服务形式、新潮生活方式和潮流发布会等。

首先，在时尚信息的呈现形式上，大众更重视具有应用价值的呈现方式，如他们对最直观的服饰造型搭配这种时尚呈现方式需求最高。其次，大众对精神世界的塑造日益重视，因此传递概念化信息、注重精神内涵的时尚理念和时尚生活方式也成为大众关注的重点。在时尚产品和理念的展示形式上，大众更为关注媒体广告和影视节目对时尚的呈现。媒体与影视的动态展示效果，在传递信息时比平面方式更生动、立体和全面。加之，数字化的传播方式能够加入更为丰富的视觉元素、创意效果等，这些对时尚消费者来说更具有吸引力。最后，在时尚的呈现方式上，大众对创新的产品和有意义的活动的关注度较高，这进一步体现大众重视应用价值和精神内涵的时尚需求特点。

三、时尚消费需求的趋势预测

未来时尚消费需求的变化趋势很大程度上取决于经济水平提升、社会环境变迁、生活方式升级和消费观念变化。未来市场发展将出现消费多样化、消费个性化、消费品质化、消费品牌化的小众消费趋势。消费者对品牌、品质、个性、服务、体验的关注度将出现前所未有的热度。2018年5月31日，国际知名咨询公司埃森哲（Accenture）发布《2018埃森哲中国消费者洞察——新消费、新力量》指出，随着中国居民可支配收入的攀升和数字化带来的消费推动力，中国正迎来一个消费全面升级的新时代。显而易见，数字技术将加快消费市场结构和消费者行为的变化，形成一股具有巨大能量的新消费浪潮。

随着全球消费购买力的快速增长，生活品质、生活品位、社交消费等各方面的新消费需求的增长速度也快速上升。线上购物、出境旅游购物、跨国代购等购物渠道变得越来越丰富。人们在健康、教育、文化、旅游、养老、娱乐等方面的新消费持续增长。整个消费市场中人们用于社交消费的比例明显提升。可见，时尚消费群体到处显现，对企业和商家来说，他们是具有巨大消费潜力的一个群体。他们将引领消费市场的迭代和升级，给予时尚进驻商业的机会，率先迈开时尚消费的新征程。

时尚消费是未来新消费的热点，将充分借助技术创新及产业基础设施的完善，融合新消费需求、产品创新、渠道创新等产业发展要素，引领个性化、多样化、品质化、品牌化的时尚消费成为主流，推动传统高端消费广泛普及，增加消费者的体验满足感，提供更加舒适美观、更加安全实用、更有品位格调的品牌商品，挖掘和发展社会的时尚消费潜力，最终为时尚相关技术研发和产品服务发展提供更为广阔的市场前景。消费是最终需求，“以消费者为中心”的理念已经成为商家的出发点与核心意义。

第二节 消费者的时尚生活

一、时尚在大众日常生活中的体现

时尚在大众日常生活中不仅表现为商品种类的增多，还激活了人们追求时尚休闲生活方式新风格的热情。在这种情境下，消费与休闲意味着种种参与到时尚盛宴中所得到的狂欢与快乐的体验。都市中目不暇接的购物中心、特色商业街区、商业广场、大型超市，汇集了衣、食、娱乐、体验等方面的消费资源。时尚消费为大众营造了一种时尚情境，将时尚文化与大众生活融合在一起，人们在购物消费的同时，或主动或被动地接受、体验、欣赏由产品、服务、活动等传递的一切时尚信息。

时尚媒体作为时尚与大众交流沟通的桥梁，也是大众时尚生活构建中不可或缺的一部分。时尚媒体将消费市场中繁复的时尚信息加以提取、编码和阐释，引导消费者关注和解读时尚所具有的意义，使消费个体融入时尚产品和时尚文化的消费中，激发大众将时尚运用于生活之中。另外，现代互联网技术的发展打破了传统时尚媒体传播信息滞后的弊端，使时尚信息的传播更加快速、便捷和广泛。现代的时尚媒体突破了纸质媒介和人际传播形式的局限，采用传统媒体和新媒体结合的互补性传播模式，全球众多领域的时尚话题通过各种各样的信息渠道，第一时间呈现在大众视野。时尚杂志、报纸通过网络将最新的时尚资讯传播至世界各地；各大时装周已成为全球时尚媒介活跃的现场，各种媒体及时将时尚新闻传递给时尚消费者；时尚名流、网络红人以微博、微信、视频直播等新媒体渠道，时刻直通年轻受众；购物网站已不局限于传统商品售卖方式，搭建起时尚社区，为消费者分享时尚产品、信息；诸如《女人我最大》《天使之路》《拜托了衣橱》等以时尚搭配、时尚生活为主题的综艺节目广受好评。如今，微博、微信等社交媒体、时尚网站、时尚综艺节目已成为时尚消费者主要的信息获取渠道。

时尚消费营造的物质文化环境和时尚媒体营造的信息传播环境，引领和倡导大众和时尚不断交流。时尚文化在这样的社会语境中不断被塑造和沉淀下来，形成当时的时尚符号。时尚符号在大众时尚消费中不断被阐释，在大众生活中的呈现方式也日趋丰富化和体系化。时尚不再是上层社会文化风格的表征，而成为后现代大众生活方式中消费与闲暇的种种体验。在大众的日常生活中，小至生活琐事中的细节追求，大至社交互动内容与形式，广至价值观和人生态度，都可寻见时尚的身影。

大众的生活休闲方式主要有收看影视剧、听广播节目、阅读、唱歌、跳舞等。在此基础上，我们进一步对时尚消费者的生活形态展开调查，调研结果表明，在时尚文化的影响下，大众的休闲生活方式主要集中于以下五个方面：一是电子媒介相关领域，如玩手机游戏、刷微博、逛论坛、观看直播及短视频、看电视或电影等。二是艺术文化相关领域，如参观艺术展及画展、欣赏音乐剧、绘画、阅读、手工制作等。三是体育活动相关领域，如健身、球类活动等。四是消费类休闲方式，如购物、旅游等。五是一些传统休闲方式，如种花草、养宠物、棋牌娱乐等。

调查结果还表明，由于不同居住城市、经济收入、学历、年龄、职业、社会地位和个性特征的影响，人们接触到的时尚信息环境和个体对时尚感知的程度有所差异，因而导致时尚意识有高低差异，不同时尚态度的人群选择的主要时尚休闲生活方式有所不同。根据“时尚消费者生活形态”调查显示，拥有较高时尚意识且更热衷于新颖和创新型时尚的人群，偏爱购物和参观艺术展及画展的休闲生活方式。这类人群通常居住于一、二线城市，拥有一定的经济能力，能够承受时尚物品频繁更迭带来的花销，更具想象力、创造性，对审美有着较高要求，因此乐于追求富有文化内涵和艺术意蕴的休闲生活方式；时尚意识较低且相对保守的人群更愿意选择以棋牌娱乐、手机游戏和观看电视、电影为主的休闲生活方式。该类人群通常平均年龄长于前一类人群，且居住城市为三线以下城市，生活环境中时尚消费文化扩散度相对较低，更热衷于游戏娱乐的休闲方式。

二、时尚消费者生活中遇到的各种时尚现象与问题

时尚不仅以鲜亮外表吸引着大众，其传递的文化内涵和观念也影响着大众对事物的认知、判断和价值观念。在以传统媒体为主的大众传播时代，时尚传播速度相对缓慢，人们接受的时尚信息已通过时间的检验，且筛选机制相对成熟和完善。但在如今以互联网和各种社会化媒体为主的分众传播时代，信息传播的即时性、广泛性、立体化使新的时尚刚孕育出，还未加以验证和完善，便被各种时尚媒体以碎片化的形式传递给个体，并在传播过程中经过重新组合的加工形式继续传递给大众，这样的传递方式在加速时尚传播的同时，也给消费者带来了很多时尚消费方面的问题。

消费时尚信息的“低幼性”在时尚文化中尤为明显。姚文放在《当代审美文化批判》中提到，“当代文化市场仿如一所向社会大众开放的幼儿园，各种文化信息有如食品般被捣得碎碎的、嚼得烂烂的喂给消费者”。时尚媒体和时尚消费市场将时尚信息裂解，以浅显的方式呈现，虽然带给消费者一种潮流信息与知识的普及，却忽略了时尚文化起始时文化内涵的本质。

这样的方式虽让时尚信息变得浅显易懂，但是以丧失时尚文化深度为代价，使大众对时尚的认知趋于低幼化，加上时尚消费市场对物质的推崇，消解了时尚文化内涵中高深和典雅的部分，也消解了存于其中的人文、历史、艺术的理性。这种快餐式、泡沫式的时尚信息消费在某种程度上误导了大众对时尚价值的判断，也遏制了自身时尚兴趣的挖掘。时尚文化及观念被分裂和曲解，不利于时尚消费意识的产生，不利于正确时尚价值观的形成与传播，也不利于培育出经典、深邃的时尚文化环境。

当今营销环境过分强调物质化，使社会群体价值理性失衡，导致大众错误时尚价值观的形成。时尚企业为增加销售利润，在营销过程中过分宣传对时尚物质的追求，夸大时尚物质的意义，刺激个体产生物质崇拜的心理需求。于是追求物质时尚成为当今的一种集体趋势，各个层面的社会个体在物质放大化中盲目跟风效仿，忽略自我经济承载能力。在生活实践过程中，这种习惯逐渐被转化为惯例并内化为价值判断标准，使得在追求时尚的过程中，个体忽视时尚文化精神内涵和其他传统的价值标准，忽视自身文化素养而产生错误的价值观念。同时，为追求经济利益，厂家和商家不断创造和输出新鲜、猎奇甚至低级趣味的“时尚”，这考验着消费者对时尚的甄别力。社会地位、文化修养、实践经验等的不同，使个体间的时尚甄别力有所差异。甄别力较弱的人群会易于受到低级化和庸俗化的时尚消费文化影响，从而推崇错误的价值观念。

第三节　消费者的时尚需求

一、时尚需求的符号性

在时尚消费过程中，消费和商品的符号属性尤为突出，它们与时尚消费体验、个人审美品位、个人社会地位和社会关系等紧密地联系在一起。与普通消费者相比，时尚消费者具有对社会认同、自我表达和自我构建的特殊需求。人们购置时尚消费品不仅是因为物品本身的使用价值或交换价值，而是因为这些物品与品牌、品质、金钱价值等有所关联。某个商品与同类产品的区别形成了一种示差性，于是商品成为某种社会地位和社会认同辨别的符号，消费过程也就成为实现消费的社会表现和社会交流功能的“符号消费”过程，时尚消费成为人们“个体认同”和“社会认同”的主要方式。时尚消费者在购买或使用某个时尚产品的过程中，会感到自己是受到他人羡慕或尊敬的，不论是服饰品等实质的物品还是旅游度假、休闲娱乐等生活方式，都成为他们社会境遇直接或间接的表达，这是时尚消费需求中“个体认同”需求的表现。另外，时尚消费者也希望通过对时尚产品或服务的消费以及运用商品符号等标志语言来展现和塑造社会身份，以期望与某一特定类别人群的物质消耗和行为模式一致，从而获得进入该群体的名片，寻找群体归属感和社会认同感。

“时尚消费者生活形态”的调查结果表明，受调查者使用或消费时尚产品时，比起体现个人身份、地位和缩小与他人差距的社会认同需要，人们更关注对个人品位、自我个性和自我形象的表达，而且这种需求在不同的年龄和不同的经济状况下有所差异。在18~55岁的人群中，年龄越大和经济收入越高的人群更关注时尚对个体认同与社会认同的建构功能，25岁以下及月收入低于1万元的人群更倾向于时尚对自我个性和审美的表达。这种现象正是在“精英时尚”与“大众时尚”共生状态下对时尚消费构建功能的诠释。究其原因，年龄较长的人群往往有更好的物质基础，他们更倾向于通过时尚产品的消费来证明个人的文化涵养。另外，时尚消费大众化带来了价格较为低廉且种类丰富的商品，给予了年轻群体和低收入人群改变外表的机会。他们借助对时尚消费及时尚产品的再创造，展示与众不同的自我形象。

二、时尚需求的时新性

大众对时尚消费的心理需求动因除了社会阶层区分与自我身份认同外，还体现在对时尚消费的求新欲望中。德国社会学家齐奥尔格·西美尔（Georg Simmel）曾指出，尽管人们对商品的购买和展示行为在一定程度上是为确认个人在社会体系中的地位，但我们不能简单地将受众对时尚产品消费的动机定义为对社会地位和身份认同的纯粹追求，对拥有较多财富阶层习惯、嗜好、行为的一味模仿。更重要的是，时尚消费者对新奇需要的热情。在本质上，追逐时尚文化的人群更易被例外、奇异或显眼的东西吸引。新鲜事物的出现为人们原本平静的生活注入了生机，人们渴望改变、感悟和创造，时尚正是因为其变幻的特性而独具一格。

经济的发展、信息传播媒介的改变等都使大众对时尚的需求不断发生变化。时尚消费不仅停留在单纯的理性计算的经济交易中，也表现为闲暇时间的生活带来的精神体验。大众对时尚消费的需求不仅体现于追求时尚产品的时新上，更多的是热衷置身于一系列新鲜的感官体验与情感体验中，时尚产品的表现形式、时尚理念的传递方式、时尚的呈现方式、时尚体验的参与形式等都成为大众时尚消费关注的热点。

三、社会环境、生活阶层与时尚需求的关联影响

尽管在泛化层面上，时尚消费者都有着社会认同、自我构建、时新内容等方面的需求，但细化到不同社会阶层的群体或个体上，具体的时尚需求内容均有所差别。托斯丹·邦德·凡勃伦（Thorstein B. Veblen）曾在《有闲阶级论》中提出社会个体所隶属的社会或社会阶层所公认的消费水准与个人的生活水准有关。法国社会学家皮埃尔·布尔迪厄（Pierre Bourdieu）认为不同阶层的群体具有不同的消费文化品位。这些观点从不同的视角表明，个体所处的社会环境

和社会阶层对他们的消费与审美需求有着深刻的影响，而且消费需求的层次性区别会导致个体价值观念与生活方式的差异。

时尚需求的多样性正是不同收入人群时尚价值观差异的直接体现。积累着更多财富和社会资源的高收入人群创造了奢侈的时尚文化，昂贵面料的套装、华美精致的长裙摆礼服、流光溢彩的珠宝首饰等都是他们钟爱的时尚装扮。然而，这些时尚装扮不适用于中等收入的人群，他们难以负担置备珠宝首饰、名牌鞋包带来的高昂经济费用，也无法在杂乱拥挤的公交车、地铁中闲适自得地穿着相当于整月薪水价值的时髦服装。他们对时尚物品有着更高的实用性和经济性需求，于是轻便舒适的牛仔装、张扬自我个性的涂鸦印花图案、混杂的皮革制品更受他们的青睐。

四、生活方式、价值观念与时尚需求的关联影响

时尚价值观念是个体在选择和思考时尚价值的过程中形成的。它使个体或群体对某一时尚做出具体评价，并逐渐产生相应的时尚意识，进而凝结为时尚价值目标，再以形成的时尚价值目标判断某种时尚是否为主体所需或对主体有无价值。时尚消费者对时尚事物的推崇是在自身和外界的共同作用下做出的判断选择，因此某种时尚事物被接受或推崇反映了个体时尚价值观的取向。时尚价值观作为社会意识系统的有机组成部分，是一定时代人们的社会存在、社会实践、社会经历的产物和表现，也是一定时代文化传统、生活方式、风俗习惯、社会心理等因素潜移默化地濡染和熏陶的结果。社会生活环境、人际交往境遇都影响着时尚价值的生成。同时，时尚价值观是建立在实践活动基础上的，个体的文化品位、文化审美、鉴赏能力和心理特点都影响着时尚价值观的形成。在探求丰富多彩的时尚事物、推崇变化多样的时尚风格、践行某种时尚理念的过程中，选择什么样的时尚事物、风格或理念在一定程度上反映出个体的心理特点、物质条件以及时尚价值观的差异。简单来说，个体所处的不同社会阶层营造了不同的社会环境和文化，个体积累着不同的知识基础和实践经验，在这种差异下产生了不同的时尚价值观。

第四节　消费者的时尚行为

时尚体系是一个复杂的生物系统，除了产生一系列时尚现象之外，还会引导人们进行一系列实践活动，进而推动时尚观念的产生。时尚正是时尚观念影响下的当代文化，它依靠传递时尚观念让人们进入一种拟态的时尚环境，并对人们的行为和思想产生影响。时尚对人们行为的影响表现在购物、休闲、娱乐等生活方式中的消费行为。时尚对人们思想的影响主要体现在时

尚观念、时尚价值、时尚认同等心理层面的认知。因此，本书将从三个方面阐释消费者的时尚行为，包括大众对时尚实践活动的满意度和忠诚度、大众对时尚模仿与从众的社会心理机制、大众的态度对时尚的推动行为。

一、时尚的满意度和忠诚度

当今社会，时尚产品或服务给消费者带来的心理满足感甚至超越了产品的质量或使用本身，同时，极高的满意度也激发了消费者对这种时尚产品或服务的忠诚度。大众的消费需求由简单的生理、安全需求向更为复杂的尊重、社交和自我实现的心理需求不断发展，消费需求的内容也不断地更新。消费者对时尚产品的需求不再仅仅停留于获得物质产品本身，更多出于对产品象征性意义的考虑。

如今的人们更关注通过时尚消费来彰显自我个性和社会地位，以赢得他人尊重或获得群体认同，这种需求特点在心理学领域称为高级需求。现代社会物质发展使人们的文化生活更为丰富，摆脱基本生活条件约束的人们享受更多的时间、财富和精力追求与社会、审美等息息相关的时尚事物。同时，精神世界的丰富促使人们对自我表达、自我彰显等有关的心理层次需求增加。在产品或服务的选择过程中，这种高层次需求对消费决策的影响权重越来越大。

时尚消费将消费活动与自我概念、社会概念密切关联，如今已成为消费者追求情感共鸣，展示自我能力、个性或社会地位的方式。在时尚消费过程中，当大众接受时尚信息后，会先在脑海中形成对感知信息或对象的期待与假设，如果这种期待与假设符合自己的情感趋向和心理预期，那这种时尚消费方式就容易获得更高的满足感和满意度。

二、时尚的模仿性和从众性

在时尚发展历程中，某种时尚逐渐流行起来的一个至关重要的环节是，少部分人创造的新颖、独特的事物或现象等被绝大多数人接纳，并对其进行仿造或采取类似行为。于是“模仿”和“从众”成为时尚得以在群体中传递的方式。但模仿和从众行为的发生并不是人类自然天性的驱使，而是与个人需求相关联的。凡勃伦和西美尔曾指出时尚消费本质上是一个受他人引导的过程，同时社会阶层和地位的保持与提高在其中起到支配性作用，模仿和从众成为在心理需求中产生的潜在行为动机。

现实生活中，不论是时尚产品的选择还是对时尚理念的推崇，当大部分人趋向于选择某一种形式或方向时，为了融入群体生活，从众成为个体在群体压力下产生的必然行为。模仿可被视为个体企图融入其他群体时产生的过渡行为。

当然，如果仅仅通过社会调试需求来解释从众和模仿行为的产生太过片面和绝对。回顾时尚的历程我们可以发现，个体对新异事物的推崇和对自我构建的表达也是促进时尚延续和变化的重要因素。从众与模仿行为一定程度上体现着一种个体的自我意识，是时尚消费过程中人们自我构建需求和求异心理的外显。西美尔在《时尚的哲学》一书中提到模仿行为既满足了社会调试的需要，又将个体引向其行进的道路。模仿和从众为个人行为提供了一种模范式的普遍规则，但它同时尚的自由性和可变性又满足了个体对差异、变化、个性化的要求。

时尚消费者都渴望通过时尚展示自我和表达自我，但许多人在自我包装、时尚审美及创造能力上尚存不足。现实生活中成为一名完美的时尚消费者或者时尚创造者并不是易事，不仅需要有丰富的文化知识、敏锐的时尚触觉、不落俗套的独到品位、突出的个人风格，还需要有金钱作为有力的支撑，以便支付因为不断尝试所需的代价。因此，尽管人们有着自我个性表达的企图和目的，但仍旧只能选择模仿。通过模仿能够让个体更加安心地运用这些时尚元素，不必为自己尝试和创造带来的错误买单，也无须为自己的审美和品位负责。人们只需要选择符合自己风格个性的时尚事物，进行模仿和微改造就能较为充分地进行自我表达，同时更迭迅速的时尚潮流也满足了求变的需要。

在从众和模仿的模范时尚对象选择上，通过“时尚消费者生活形态”调查结果可以发现，对塑造社会形象有更高渴求度的时尚消费群体，追逐时尚事物时易受到媒体杂志、名人推荐或明星示范的影响。消费者通过模仿具有权威性时尚话语权的主流媒体推广的时尚事物和明星名人使用的物品来改造自我，以提高与更高阶层人群或时尚人群的群体融入感。

三、时尚态度的变化

在时尚消费过程中，影响人们时尚消费行为的一个至关重要的变量是对时尚所持的态度。时尚态度作为一种心理现象，是指个体对时尚事物所持的评价与心理情感倾向，既包括人们对时尚事物的内在体验，又包括人们在时尚消费过程中的行为倾向。时尚态度由对时尚的认知、情感和意向三种心理结构构成。个体结合自身的经验和体验，首先产生对时尚对象的认知，做出带有评价意义的叙述，其次产生对时尚对象的情感体验（如喜欢、厌恶等），最后形成对时尚对象的反应倾向或行为的准备状态，即准备对对象做出何种行为反应。这一系列过程受到外界社会环境、需求欲望等因素的影响。

态度是通过后天学习形成的，是在个体的成长中，通过与他人的相互作用和联系，以及周围环境和事物的不断刺激形成的。在不同的人生历程中，受到周遭环境和事物的刺激程度、类别各不相同，因此形成的时尚态度也有所差别。另外，能够满足个体需求欲望或能帮助个体达到目标的对象，都能使人产生满意的态度。

第三章 时尚与营销的融合

营销是为了满足人们的消费需求而进行的一种创造价值或便利交易的目的性活动。当今社会，消费者导向的营销观念使顾客的时尚消费需求日益成为很多企业或组织关注的焦点，他们开始以顾客的时尚消费需求来经营企业，不断迎合、创造和满足顾客的时尚消费需求。反之，时尚消费也使时尚成为企业开发产品或营销创新的重要元素。从原理上讲，时尚既是营销的对象，也是营销的产物，时尚与营销具有天然的共生性和交融性，体现了鲜明的时尚产业特征。这是时尚十分重要的生成机制。

本章立足“时尚文化—产业发展”的视角，以时尚与营销的共生交融为基础，深入分析二者共生交融的优势效应、综合影响、融合机理及发展模式，分析时尚作为一种文化形态融入营销的发生与发展机制（生成机制），及其给社会经济发展带来的各种良好效应，重点从消费群体共融和时尚产业共融两方面探讨时尚与营销的跨界融合机理，并从实际应用的角度出发，探索如何通过营销的方式将时尚元素在行业中活化应用的发展模式。

第一节　时尚与营销共生交融的模式分析

一、时尚呈现方式

（一）时尚购物中心

当前，集时尚购物与时尚生活于一体的购物中心大受消费者欢迎。时尚购物中心不再是单一的商品交易场所，而成为最新时尚讯息和时尚体验的传播场合。通过创新的产品呈现方式、独特的视觉体验和富有意义的活动等形式，购物中心以全新的方式调动消费者的感官功能，在增强人们的融入感和体验感的同时，将时尚信息传递给消费者。

案例①：以“沪上第一爱情地标”摩天轮而著称的上海大悦城，集购物、音乐、酒吧、原创手工作坊于一身，推出爱情银行、空中下午茶、情侣拍摄、定制情人节等一系列产品和服务，结合后现代工业化风格的艺术街区打造爱情主题艺术购物中心，以其浪漫、梦幻和新颖的特征吸引着时尚人群光临。

案例②：以购物艺术中心为标签的K11商业中心，在建筑设计上别具匠心，利用水幕、森林、湖泊、瀑布、垂直花园等在熙熙攘攘的都市中再现自然风光，在公共区域采用环绕、错落的视觉设计营造雅致、舒适的时尚购物空间。购物中心不仅涵盖了购物、餐饮，还有体验区、美术馆、咖啡博物馆等富有文化意蕴和体验乐趣的新服务，在商业经营中融入“艺术、人文、自然”元素，通过对传统文化、人文历史等进行多维度的梳理与整合，体现时尚创意活力，创造出独特多彩、富有多元文化气息的购物社区，构建集时尚、艺术和文化于一体的体验式商业模式。

（二）时尚营销模式

各大时尚品牌积极创造和推出足够新奇和富有独特意义的时尚呈现方式，以别样的营销模式给消费者特殊的时尚体验。

海澜之家的Hi-T系列T恤曾推出“来罐Hi-T”的创意营销活动。将T恤“精装入罐”，置于贩卖机中，通过“线上+线下+门店”的互动协作推广。同时跨界联合媒体与合作品牌，借助热播综艺的影响力，开启了“罐装Hi-T”的营销活动。活动中推出了3款或充满后现代主义、或带巴洛克风情、或绘有街头涂鸦的缤纷罐，还将明星同款产品作为Hi-T系列“彩蛋款”装入罐中，激发顾客购买热情。同时，海澜之家联手长安马自达、中国移动、苏宁易购、腾讯视频、优酷视频等众多品牌推动“罐装Hi-T”多渠道流动，扩大了活动的影响力和传播范围。这种创新的跨界营销方式为品牌带来了极高的关注度和话题度，在线上、线下吸引了近2000万人次的参与。这种独特的时尚呈现方式在众多常规包装的服装中脱颖而出，激发了消费者的好奇心，也增加了购物的趣味性和互动性，同时向消费者展示了品牌的时尚感和创新精神，从而扩大品牌在年轻消费群体中的影响力。

二、时尚传递方式

（一）时尚产品传递模式

1. 与电子虚拟技术结合

时尚产品不再只是以静态陈列的模式展现出来，通过与电子虚拟技术的结合为时尚消费者带来集视觉、听觉、嗅觉、触觉等感官体验为一体的全新产品呈现方式和服务形式。例如，超模凯特·摩丝（Kate Moss）出演的全球首款虚拟现实（Virtual Reality）香水广告，以视觉和嗅觉的双重体验让顾客沉浸其中；服饰品牌汤米·希尔费格（Tommy Hilfiger）为了增强门店销售体验，为购物者戴上三星Gear虚拟现实头盔，在门店中观看最新秋冬系列T台秀；时尚杂志*ELLE*将增强现实（AR）技术运用于一年一度的《好莱坞女性特刊》中，读者只需要使用移动设备扫描封面，封面女郎就会“活”过来，让读者如同亲历采访。

2. 以影视媒体为展示平台

影视媒体也成为时尚的动态展示平台。时下热播的电影或电视剧中出现的产品、理念，成为人们的追捧对象，明星使用的同款产品备受消费者青睐。例如，韩国电视剧《来自星星的你》播出时，剧中主角穿着或使用的运动鞋、电动牙刷、太阳镜等时尚品牌产品都受到了人们的极力追捧，女主角的“下雪了，怎么能没有炸鸡和啤酒”的一句台词火爆网络，炸鸡和啤酒的美食组合成为年轻人追逐的潮流生活方式；国产电视剧《何以笙箫默》刚刚开始播出时，某电商网站上就推出了边买边看同款及相似款的购物主页，剧中主人公使用到的物品，从售价百元的刺绣条纹短袖到千元的字母项链，再到剧中出现过的钟表、家具等都能直接在网站上找到并购买。

（二）时尚理念传递方式

1. 运用故事叙述的方式

时尚理念的传递也不再只是字里行间的泛化表达，而是通过视频、影视、电子媒体广告等动态方法运用故事叙述的方式，从硬性功能沟通走向软性情感、审美共鸣，从信息告知的广告走向时尚风格的场景和意境。例如，国产草本护肤品牌百雀羚联合坤音四子发布的极具中国风广告，新生潮流偶像与具有传统国风韵味的百雀羚组合，表达了一种清爽干净又有文化韵味的时尚理念；饮料品牌可口可乐，在消费者心中早已不仅是“甜汽水”的代名词，它善于在广告中营造饮用场景，利用街头文化、沙滩时尚以及极富青春健康气息的年轻模特等，让人情不自禁地被带入极具感染力的“尽享此刻好时光”的意境当中。

2. 构造文化体验氛围的方式

通过构造极致的文化体验氛围传递的时尚理念也赢得了更多人的共鸣，用这种方式将商品恰到好处地置于其中，使其成为理念和信条的载体。例如，星巴克出售的不仅是一杯咖啡，更是一种对咖啡文化的时尚体验，将传统和时尚的文化融于一体，极具复古格调的壁画，讲述咖啡历史的图片，全木质的桌椅、独特的小沙发、整齐的点心陈列台、堆满咖啡杯的货架，以及沉着如咖啡般的色彩基调、轻快的音乐，还有永远弥漫着的咖啡香味。一切语境都营造出一种悠闲、舒适的文化感受，在无形之中将星巴克咖啡文化和富有小资情调的时尚生活理念传递给消费者。

综上所述，这些具有示范性和体验性的全新展示形式，使消费者更为立体地接触时尚产品，同时也能够更为直观地解读时尚理念，它创造出了时尚精神与文化意境的共鸣。时尚文化意义伴随着时代的变革不断积累并逐渐丰满。时尚的动态变化为人们提供持续性的感官刺激，以此来维持对时尚的新鲜感和追求欲。

第二节　时尚与营销共生交融的优势效应

随着经济的发展和人们消费观念、消费水平的不断提升，人们在消费时越来越注重购买个性化、时尚化的产品，伴随而来的各式各样的营销方式也应运而生。时尚营销作为一种新的营销方式，受到越来越多企业的高度重视。

一、消费群体与时尚产业的共赢效应

企业以满足消费者时尚需求为目标，通过研究社会时尚需求及其变化趋势，生产、营销高品质时尚产品的活动就构成了时尚营销。时尚营销的核心精髓突出体现为三个金三角关系：一是在营销理念上的文化、品牌、营销的联动关系；二是在营销战略上的定位、设计、传播的联动关系；三是在营销元素上的时尚、情感、体验的联动关系。这三个方面最终是为了满足目标消费者的时尚需求，为消费者创造独特的价值。时尚营销的核心就是向消费者提供高品质的时尚产品[1]。

因此，时尚营销是一种体验式的营销方式，时尚与营销共生交融的优势效应就是要实现消费群体与时尚产业的共赢效应。一方面，消费群体的消费升级促进时尚产业发展。马克思在《〈政治经济学批判〉导言》中指出，消费生产的原因之一是消费创造出新的生产的需要和生产的前提。时尚产业能够满足人们的心理需求和审美追求，提高人们的生活品质。因此，为满足消费者多层次、多元化的消费需求，适应消费者消费结构、消费方式、消费观念的转变升级，要求时尚产业加快转型升级。另一方面，时尚产业的发展推动了消费升级。更多的年轻消费者构成了消费市场

---

[1] 孙晓荣．时尚营销的三个联动关系[J]．中外管理，2005（7）：81．

的主力军，更多地追求个性多元化的消费，促进了时尚产业的发展升级。同时，生产决定消费。时尚产业快速发展能够激发消费潜力，促进消费进一步升级。因此，消费群体与时尚产业能够实现相互促进和共赢发展。消费群体需求的升级要求服装、首饰、设计等产业加快创新，从而促进了时尚产业的转型升级；时尚产业的发展能有效释放消费潜力，满足消费群体的需要[1]。

（一）时尚消费和时尚产业的创新发展不断取得进展

北京注重推广应用新技术、新模式，促进时尚产业创新发展，主要体现在三个方面：一是文化艺术、广播影视、新闻出版等传统行业，时尚文化精品和原创作品制作日益丰富，广播影视产业开始了数字化转型，国家级数字出版产业基地大力兴建，这些都说明北京市时尚产业的创新发展水平得到不断提升；二是广告会展、艺术品交易、设计服务等新兴细分行业中，视觉新媒体、3D打印、绿色印刷等新兴技术不断加以应用，可见现代信息技术正加快推进北京时尚产业商业模式与营销模式创新；三是文化创意产业，不断与科技、金融及其他产业融合发展，走出创新发展的新路径。

（二）时尚消费和时尚产业市场不断壮大

未来北京时尚消费和时尚产业的主要发展方向：一是要引导全球快时尚、轻奢品牌店及专卖店落户北京；二是大力培育本土时尚产品，打造北京特色时尚消费品牌，努力向全球展示时尚名片；三是积极培育个性化定制消费，支持发展未来商店、概念商店等新业态；四是要推动商圈和特色商业街提质升级，打造全球知名都市品牌，引导特色消费区发展，如王府井、前门—大栅栏、西单、三里屯、后海等，打造中高端、国际化的品质都市消费区。

（三）时尚消费和时尚产业发展的体制机制不断创新

上海市注重破解时尚产业发展过程中的体制机制障碍，在充分借鉴上海自贸区成功经验的基础上，制定出台了促进本地时尚产业体制机制创新的政策措施：一是优先将自贸区具备条件的改革试点推广到奉贤“东方美谷”先行先试；二是“科技小巨人”支持范围融入化妆品企业，促进其科技创新力、成长性、附加值的更好发挥；三是突破产业发展要素保障掣肘，对于包括化妆品在内的美丽健康产业，要以战略性新兴产业给予土地使用待遇；四是围绕奉贤区建设“设计之都、时尚之都、品牌之都示范实践区”，支持奉贤区开展“在统一市场监管体系框架下的知识产权综合执法管理改革”试点，并设立“东方美谷”知识产权综合保护中心；五是设立国际时尚产业展示中心，积极承办上海国际时尚消费品展览会、中国国际体育用品博览会、中国美容博览会和上海国际美容化妆品博览会。

（四）时尚消费和时尚产业自主品牌建设不断加强

从营销的角度看，营销与时尚的融合互动是通过信息、传媒、渠道、促销等方面，而最终

---

[1] 陈文晖，熊兴，王婧倩．消费升级背景下时尚产业发展战略研究[J]．价格理论与实践，2018（5）：155-158．

统一在品牌塑造之下的。无论是营销品牌还是时尚品牌，一旦形成知名品牌，都会给彼此带来强烈的关联影响，而且随着品牌影响力的提升，关联效应也得到正向提升。在品牌号召力的影响下，营销产业与时尚产业两者融合互动，实现双赢。例如，深圳的内衣、服装、钟表和黄金珠宝等四个时尚产业同时获批，成为国家首批产业集群区域品牌建设试点示范。深圳市经济贸易和信息化委员会制定了深圳全国产业集群区域品牌建设试点示范区奖励相关规定，对符合条件的申报单位给予100万元的奖励。深圳已形成诸多时尚产业，拥有较多自主品牌，涵盖服装、珠宝、钟表等产业，进一步带动产业升级发展之路。

二、对经济社会的综合影响

新时代背景下，我国居民消费需求正步入快速发展的新车道，对经济增长的贡献持续提高。消费升级成为保持经济平稳发展、形成新的经济增长点的重要抓手。消费已成为经济增长的主要驱动力。当前中国对于高资本的投入以及进出口的依赖已经大幅下降，而消费一直保持平稳较快增长，尤其是消费升级持续加快，成为经济稳定运行的重要支撑。我国消费升级步伐不断加快，但有效供给不足抑制了消费潜力的释放。在消费规模总量快速扩大的同时，消费层次、消费品质、消费形态、消费方式和消费行为等方面均呈现出明显的趋势性变化，主要体现在消费向小康型、中高端、服务型、个性体验型等转变，新兴消费领域方兴未艾。这些改变既是我国经济社会快速发展的必然结果，也与新型城镇化、新一代信息技术应用、宏观政策导向等息息相关[1]。

当社会经济处于高速增长时期，消费者收入也会大幅增长。在这一经济前提下，企业对市场策略进行决策时要考虑一个影响大局的因素——消费升级。时尚消费因更多关注消费者精神和审美层面的满足，以及视觉和愉悦体验，成为消费升级的重要推动力量。同时，消费的持续升级也带动着时尚消费内容的持续创新。反过来又促进时尚产业本身的创新及其与传统产业的融合发展。

第三节　时尚与营销的跨界融合机理

一、消费群体共融动因

（一）时尚观念融合

时尚观念指的是个人在对时尚价值进行选择和思考的过程中所形成的观念，并逐步形成与之相对应的时尚意识，它可以影响个人或群体对某种时尚做出的具体评价。消费者对时尚的追

[1] 刘晓喆，熊兴，纪怡．消费升级与时尚产业发展研究[J]．价格理论与实践，2018（6）：159-162．

求，体现了消费者自身与外部环境共同作用下的选择倾向，因此，某种时尚事物被接受或推崇反映了个体时尚观念的取向。

时尚不仅以其鲜明的外在形式吸引着人们，它所传达出的内在时尚观念也影响着人们对于事物的认知、判断及价值观。在大众传播时代，传统媒体占主导地位，时尚的传播速度相对较慢，人们接收到的时尚信息已经经过了时间的考验，并且对其进行了相对成熟和完备的筛选。但是，在当今以互联网和各种社交媒体为主导的分众传播时代，信息传播的即时性、广泛性、立体化特点使新的时尚刚刚诞生，还没有来得及对其进行验证和完善，就已经被各种时尚媒体以碎片化的形式传递到了个人身上，并且在传播的过程中，通过重新组合的加工形式继续传递给大众。这种传播方式在加快时尚传播的同时，也给消费者带来了许多时尚消费方面的问题。

因此，在时尚观念融合的过程中，应该把精神需求作为主要内容，把物质需求作为次要内容，满足共同的消费需求点，把时尚参与者与营销者的需求融合在一起，让他们成为时尚营销（消费）者，以时尚消费需求来拓展营销消费需求的领域，以营销消费需求来提升时尚消费需求的层次，实现融合共生，促进时尚产品与营销产品的融合，最终形成创新性的时尚营销产品系列。时尚观念融合通过将时尚与营销的双重需求结合，促进时尚活动与营销活动的融合共生，从而对传统的时尚与营销产品进行升级。

（二）时尚意识融合

时尚消费者对“时尚”的理解不是一成不变的，而是在不断更新升级，且不同的消费者对“时尚”的理解也存在很大的差异。时尚消费者对“时尚”的理解决定了他们时尚意识和时尚态度的不同，又进一步影响到他们的生活状态。例如，看电视或电影、购物、运动健身、阅读书刊是大众选择较多的时尚休闲生活方式，接着是艺术展或画展、刷微博逛论坛、玩手机或电脑游戏，另外还有养宠物、种花草、绘画、棋牌娱乐和手工制作等休闲生活方式。喜欢棋牌娱乐的人群在时尚态度上表现为时尚保守型；选择购物和观看艺术展、画展为休闲生活方式的人群时尚意识比选择其他休闲方式的人群稍强，且这类人群在时尚态度上表现为时尚敏感型。时尚敏感型和时尚创新型人群通常拥有较高的时尚意识，追求更迭迅速的时尚潮流及其相关产品和服务。

因此，时尚意识的共融就是要以满足共同的信息关注点（以产品自身信息为基础，以产品营销信息为突破口）为目标，创造性地将时尚和营销两个参与者的注意力资源进行整合，推动两者的注意力对接融合，提高彼此对信息关注点的有效识别，并有效推动消费行为，最终形成“时尚＋营销”的信息融合和整合传播的营销推广机制。时尚意识共融将双关注资源整合起来，推进一体化营销，能够有效地引导时装和营销的有机结合。

（三）时尚行为融合

时尚系统是一种复杂的生物系统，它不仅能产生一系列的时尚现象，而且能指导人们一系列的实践活动，从而促进时尚观念的形成。时尚就是在时尚观念的影响下形成的现代文化，它依靠对时尚观念的传递，影响人们的行为和思想。时尚对于大众行为的影响主要体现在生活方式的时尚化，比如购物、工作、休闲娱乐、运动和出行等方面的时尚消费行为。时尚是一种社会心理现象，它影响着人们的思想观念，影响着人们的价值观念，影响着人们的身份认同，影响着人们的消费。

因此，时尚行为融合就是基于购买、使用、评价等消费行为的特征，发挥营销与时尚各自行为特色的作用，通过时尚行为的文化性来丰富营销行为的内涵，通过营销行为的休闲性来提升时尚活动的参与性，并提升各自活动的消费者的规模与层次，引导时尚参与者与营销者的消费行为，使他们的行为实现和谐统一。时尚行为融合有利于融合时尚与营销双重行为的特色，实现双重行为的和谐统一，并指导时尚营销活动产品的创意设计。

二、时尚产业共融动因

（一）时尚资源共融

营销与时尚产业资源的融合共生，也就是把时尚资源与营销资源结合在一起，形成一种共生发展的关系，将这两种产业资源的综合优势结合在一起，从而实现对资源的创造性、规模化开发，并对营销资源的时尚产业化应用进行指导，从而达到规模经济和范围经济的目的。营销与时尚这两种产业资源的融合共生效应，具体表现为把时尚资源开发成营销资源，提高了整体的吸引力和形象，提高了时尚文化的资源化和资本化能力；将营销资源开发延伸到时尚方面，以丰富营销业产品的资源谱系、业态类型和内涵深度，以及体验性、互动性、娱乐性、审美性等吸引力要素。简言之，营销和时尚两大产业资源的融合共生效应，将为时尚产业的规模化利用和创意开发提供指导。

因此，时尚资源共融可以将时尚资源开发成营销资源，从而给营销业带来更多的时尚产业客源和经济效应，并推动时尚文化的传播与交流。将营销资源开发向时尚方面拓展，以增强营销产品、产业的竞争力与影响力。同时，有利于将这两大产业资源进行整合，实现创意性利用的规模化，并对时尚资源营销的产业化发展起到指导作用。

（二）时尚产品共融

时尚产品属于私人产品范畴，具有私人产品的性质。时尚产品往往具有色彩明快、造型独特、功能实用性强等特点。由于时尚产品本身所具有的市场需求波动大、生命周期短、生产提前期长等特点，对时尚产品的营销要求更高，需要以最快的速度在最大程度上降低消费者和厂商之间的信息不对称，帮助厂商迅速获得消费者的信任。互联网时代使消费者和厂商之间的信息不对称情况得到有效缓解，但仍然无法完全消失，时尚产品尤其如此。

营销与时尚产品生产的融合共生，即将时尚产业与营销产业的生产体系融为一体，从而形成产品一体化。这有利于指导营销资源时尚产业化的专业化生产，进行营销产业与时尚产业的一体化的生产运行机制和全链式产业生产格局的构建。营销与时尚两种产品生产的融合共生效应就是通过产业组织及产业链两方面的融合共生，实现营销时尚产业的分工专业化和产品生产的专业化。总之，营销与时尚两种产业的产品生产的融合共生效应理论能直接为营销时尚产品的专业化生产提供指导。

因此，时尚产品共融通过产业的专业化分工和产品的专业化生产，将营销体系与时尚产业的生产体系融为一体，从而形成产品一体化、产业共生化发展。通过整合两种体系，以指导时尚资源的专业化生产与价值实现。

（三）时尚业态共融

营销与时尚产业的融合共生效应，也就是通过对时尚产业运营所需要的资源、产品进行营销，以及营销、资本、人力、政策、科技等要素的融合共生，而产生的综合效用和优势。具体来说，应实现如下目标：将营销和时尚的产业组织和产业链中的各个要素通过营销时尚产业集群这一空间载体方式融合共生，推动营销时尚产业的集聚生产；通过信息媒体、产品渠道和行业组织等方面的融合共生来塑造行销时装品牌形象，推动时装商品的市场营销和推广；在营销和时尚两个行业中，通过人才、资金、政策、科技等因素的融合共生，达到人才共享、政策共享、资本共享、科技融合的目的。营销与时尚两种产业的融合共生效应，不仅可以直接为营销与时尚产业的集聚化发展及时尚营销形象塑造提供指导，还可以为时尚与营销资源的产业化提供一个包括政策、人才、资金及科技等在内的良好的综合发展环境支撑，最终形成综合竞争优势。

因此，时尚业态共融以时尚产业运营所需要的组织形式（时尚产业集群），以及市场、资本、人力、政策、科技等多方面要素的全方位融合，实现了两类产业的跨界融合与共生发展，形成了“供产销”一体化的产业运营模式。时尚业态共融通过将这两个产业价值链中的各环节及相关因素进行整合，从而为时尚资源的广泛生产提供指导。

三、共生交融机制

（一）时尚与营销的概念

1. 时尚与营销的来源

美国市场营销协会（American Marketing Association）将营销定义为“对思想、产品和服务的构思、定价、促销和分销的计划与实施过程，以促成满足个人和组织目标的交换”。时尚营销包括时尚产品的计划、定价、促销和销售。时尚所能带给我们的并不只是满足人类基本的穿衣及室内陈设的需求。时尚可以实现一个人向世界展示自己形象的愿望，通过对所有营销基本要素的综合运用，时尚营销可以帮助人们树立自己的形象，并为时尚业的从业人员创造利润。时尚不仅反映了经济状况及消费者的心态，同时也刺激和吸引着消费者。如果对于时尚比较敏感，你会注意那些听音乐会的人和机场里乘坐飞机的人，发现许多人的穿着都非常相似——尤其是那些年龄和身份相当的人们，你可以发现，他们鞋子的样式、裤子的长度都非常相似。

当某种时尚一炮打响并引领潮流时，人人都会感受到其冲击力。潮流（Trend）是指时尚选择了特定的方向并且将其款式认定为时下最佳选择。按照时尚记者琳达·格里芬（Linda Griffin）的说法，当设计师将真正的时尚精品展示出来时，观众已经穿着类似款式的服装了。如果优秀的设计师了解顾客，就会发生这种现象。对于设计师和零售商而言，让自己时刻站在潮流发展的前沿是一项永无休止的工作，并且需要持续不断地进行营销信息管理。

成功的营销人员知道下一季的潮流将是什么，谁会购买什么以及什么会畅销。他们会想顾客之所想，并知道如何提供顾客所需要的东西。收集关于顾客群体的信息、关注目标群体的消费习惯并分析他们对产品的行为表现是管理营销信息的全部内容。成功的时尚营销可以用极其简单的术语来形容——了解顾客想要什么，并且超出他们的预期[1]。

2. 时尚营销的核心

就目前市场经济的发展现状来说，时尚营销的核心主要表现在以下三方面。

（1）营销理念中营销、品牌及文化之间存在的联动关系。营销、品牌及文化之间存在的关联性可以概括为，为消费者创建独有的价值内容，超凡的品牌大多以深厚、纯净的企业文化为发展内核。成功的营销大多将具备极高价值的品牌作为发展基石。但是，营销在发展的进程中，需要持续为目标用户传达独有的品牌诉求与文化理念，可以说高于品牌和文化之上的营销手段才可以被称为拥有活力的营销。

（2）营销战略中传播、设计及定位之间的联动关系。对时尚营销而言，各企业所拥有的独立的市场定位和品牌定位、前卫潮流的产品形象与设计理念，以及特别的传播与营销推广策略在市场发展中，共同构建出了战略金三角。在市场运营和发展中，三者拥有相同的核心价值便是独具匠心的创意与理念。

（3）营销元素中体验、情感及时尚之间存在的联动关系。通过感性的方式进行营销，从而创设出相同目标消费群体的良性互动关系，架构起消费者坚固且稳定的忠诚度与信任度，这便是时尚营销中第三种三角逻辑关系。

3. 时尚营销的重要价值

对消费者来说，时尚是使其跻身某一“时髦社会圈”的门票。是否可以深入、透彻地了解并掌握消费者的一系列行为，并找出能够激励消费者进一步消费的时尚元素与力量，是对企业综合营销水平、能力进行考察的重要因素之一。我国在未来的发展中，必然会成为世界上主要的奢侈品市场，该市场规模的形成，会以时尚为核心，消费者在消费和享受服务的过程中，也

---

[1] 厉春雷. 时尚与流行：品牌的大众传播形态[J]. 现代营销（学苑版），2012（1）：4-5.

会将时尚简单视为基础价值之一。将时尚元素融入营销工作中，便能够创建拥有更多元的艺术氛围、文化含量的市场形态。换言之，该营销方式与管理方法能够给消费者留下更深刻的印象，使其未来的购买欲望更加强烈。时尚营销的出现能够为我国各大企业带来前所未有的创新空间与机遇，如果能够有效把握，必然会进一步推进我国市场经济的快速发展[1]。

（二）时尚与营销共生交融机制

1. 时尚创造营销

时尚文化是指一种流传广泛、盛行一时的大众心理现象和社会行为，一定程度上可以反映出社会政治、经济形态，并且体现着文化的某种发展趋势[2]。时尚营销则是加入了时尚文化、经济形态及社会形态的营销实践活动，是一种伴随社会经济环境发展变化而形成的营销活动。因此，时尚营销的产生是各种因素共同作用的结果，与社会形态、经济发展等息息相关。

时尚营销作为一种文化营销，它的出现总是同社会物质生产及文明程度相关，这是时尚营销产生的文化基础。随着社会经济发展、文明程度提高，人们的精神状态、生活方式、消费观念也发生变化，生存消费在消费结构中的比重不断降低，时尚消费追求在人们的消费意识中逐渐加强，闲暇时间的增多也使人们有时间和精力去尝试新颖、个性化、多元化的时尚生活方式和行为方式[3]。

时尚营销产生的社会基础则是拥有大量追随人群。随着越来越开放和包容的社会环境，人们对于时尚的借鉴和接受中，形成时尚博采众长、求新求变、关注个体、差异追求的特征，营造了创新、开放、包容的社会氛围，同时也孕育培植了一批时尚的拥戴者。该类人群具有创新的思维方式，极富创造力，喜欢追求雅致和个性的生活方式，是当今时尚消费的主体，也是时尚的制造者和传播者。在文化价值取向上，该类人群更倾向于时髦和流行、娱乐和消遣；在生活方式选择上，他们倾向于讲求生活品位、生活质量、文明新潮，这一切为时尚营销的产生、扩散与普及提供了良好基础。

时尚营销的产生还依托数字化媒体的参与。时尚营销不仅是一种时尚文化的表达方式，也是一种信息的交流和沟通，是人群对信息的共享与认同。可以说，大众的时尚消费需求催生了“时尚营销”的产生。与劳特朋（Lauterborn）提出的4C营销理论相适应，时尚营销以满足消费者的时尚需求与欲望为营销中心，制造他们想要的产品。时尚营销不仅聚焦于时尚细分市场的消费者，还可以提供个性化定制服务，满足其个体差异化的时尚需求。因此，时尚营销是

---

❶ 刘雯思. 品牌的时尚营销与管理方法研究[J]. 营销界，2023（2）：68-70.
❷ 贾晓锋. 从时尚文化的角度探讨西方洋节的中国化——以“圣诞节”和“情人节”为例[J]. 河北联合大学学报（社会科学版），2012，12（1）：47-49.
❸ 贺雪飞. 论时尚文化的成因及其话语特征[J]. 当代传播（汉文版），2007（3）：22-25.

一种兼具灵活性和适应性的营销实践活动，从细分领域和市场深度影响着营销实践的方式和方法。

2. 营销传播时尚

营销传播是一个非常时尚的概念，它代表着一种“新”的生活方式，一种以“新”的名义出现的时尚。对于营销传播而言，时尚是一个重要的概念。在营销学中，营销传播就是“将某种新的理念、观念和方法运用于市场活动，以创造出消费者更大的需求”。其本质特征就是：以市场为导向、以消费者为中心、以传播为手段。营销传播的时尚具有以下特征。

（1）信息传播与消费需求相结合。从市场调研开始，注意产品和市场上正在发生什么变化，这些变化给消费者带来了哪些新的需求。在这个基础上，把自己的产品所具有的新功能、新概念、新形象告诉消费者，并促使他们购买产品。

对消费者进行消费心理分析是进行营销传播活动的第一步。只有了解了消费者的消费心理和购买动机，才能知道如何根据这些来选择信息、设计内容。

（2）营销传播方式与市场发展相结合。从目前我国企业营销传播方式来看，主要有广告、公关、促销、网络和媒体组合等形式，这些形式在未来几年内都将继续存在并发挥作用。

时尚产业以文化为依托、品牌为基础、创新为灵魂，所面向的不是孤立、个别的传播现象和问题，从一定角度、窗口审视和研究整个时尚产业，它的传播现象和任务始终是“整体互动”，在互动中再现整体，将各种互动要素有意识地归并到整体之中，使个体在整体的统领下互动，整体在个体的交流中融合。内容营销将品牌诉求、产品诉求、转化诉求、销售诉求等叠加在一起产生价值，适用于所有的内容载体、媒介渠道和平台，原生内容要与用户建立强关联，吸引、打动用户并影响用户和品牌间的正面关系，从而转化为一种能给用户提供价值的服务[1]。

时尚首先出现在大众媒体中，作为大众消费群体所追逐和传播的对象而出现。时尚通过媒体向大众传播其价值观和生活方式，它通过时尚来引导消费和文化潮流。从本质上说，时尚就是一种生活方式。这就要求作为个体和组织能通过营销来实现消费价值、文化价值和社会价值。这种作用包括：制造流行、引导流行、发展流行、固化流行、延续流行、引领流行。在时尚营销中，企业运用多种手段和形式向消费者宣传和推广其产品，并通过消费者购买后产生的示范作用来推动其他消费者效仿这种产品的使用方式和使用习惯，从而使产品流行起来。为了达到时尚营销的目的，企业必须根据以下因素确定时尚营销方案。

①时尚营销应注重产品的内在质量和外在形象以吸引消费者。例如，服装企业应注重面料、款式、颜色等内在质量；美容美发企业应注重外在形象设计，如发型、服饰等；鞋帽行业

---

[1] 张虹．后流量时代内容营销视域下的时尚品牌传播［J］．丝绸，2021，58（8）：67-72．

则应注重款式设计和质量。

②时尚营销应注意品牌文化建设。品牌文化是指一个企业在长期生产经营活动中形成的以品牌名称、品牌核心价值、品牌定位、品牌标识等为内容的具有独特个性特征的无形资产。

3. 时尚与营销共生交融机制

在营销时尚的过程中，营销形成并发展了创造时尚的机制，营销本身即时尚的工具。营销就是对时尚的引导和创造。从营销的角度来看，时尚的产生和发展是一个过程，这个过程也就是创造时尚的过程。营销者是为创造时尚提供一个工具的人，可以是商品生产者，可以是产品销售者，可以是信息传播者，也可以是信息消费者。营销者在时尚的创造过程中起到了非常重要的作用。他们是时尚的创造者和推广者。而营销者在创造时尚时需要注意以下几点：不断地适应社会发展潮流和客户需求；对市场变化进行正确的判断，并对营销方案进行不断调整；准确地把握各种营销资源之间的平衡关系；不断地提升自己的能力。

时尚产业是一个具有超强生命力的产业，它是一种商业与文化的复合体，既是一种消费需求，也是一种价值诉求。在时尚产业中，时尚与营销的关系可谓“唇齿相依”。时尚品牌通过营销将自身的时尚价值主张转化为社会需求和购买理由，通过对消费者心理的洞察将社会需求转化为市场机会，将社会机会转化为商业机会。随着社会发展和经济增长，人们对产品和服务的要求不断提高，对时尚的诉求日益增长，在这个过程中，消费者越来越希望产品和服务能反映其身份地位、心理感受、价值观念、文化品位及生活方式等。因此，时尚产业不仅是一种消费商品、一种物质形态的消费活动，更是一种价值观念、生活方式的消费活动。

在全球经济一体化和贸易自由化趋势下，产品的差异性日益缩小，差异化产品在市场上越来越缺乏竞争力。所以，一些企业便将目光转向了市场需求大而个性化程度高的时尚领域。一些企业从设计入手，为消费者提供时尚产品和服务；一些企业开始将时尚作为品牌价值体现和商品宣传的重要手段；一些企业通过直接参与设计、生产和营销活动来获取利润。因此，时尚与营销的共生交融机制主要体现在以下三个方面。

（1）时尚产业是一种消费性产业。任何一种消费都存在着时尚的因素。营销作为一种重要的经济手段和经济活动方式也不例外。作为一种消费性产业，时尚与营销具有很强的关联性。其先表现在生产、销售、流通三个环节上。时尚具有很强的地域性，一个国家或地区的时尚风格往往体现了该国或该地区的文化特色。

（2）时尚产业与营销具有一致性。时尚是一种生活方式的体现，营销则是一种生活方式的表达。虽然营销的对象和形式多种多样，但都离不开人们对生活方式的追求和对生活品质的提升。

（3）时尚产业与营销都需要在市场竞争中取胜。时尚产业在世界范围内具有很强的影响力和竞争力，时尚产品也在市场竞争中占据了一定份额。所以，营销也需要不断创新、推陈出新，这样才能满足消费者不断变化的需求，从而赢得消费者的青睐。

综上所述，一方面，营销可以帮助时尚产业更好地满足消费者需求；另一方面，时尚产业可以通过营销来增强自身的竞争力和影响力。营销是一种重要的经济手段和经济活动方式，它以产品或服务为对象，开展一系列活动。对于时尚产业来说，时尚不仅是一种价值主张和价值符号，也是一种生活方式。时尚产业通过营销活动来实现产品或服务与消费者之间的互动和沟通。例如，耐克公司通过品牌营销、产品设计和促销推广等活动来提升产品品牌形象、加强产品销售；日本服装公司通过其品牌在亚洲市场的成功推广，增强了在国际市场上的影响力；美国美容产品公司通过营销活动来扩大产品在美国市场上的份额等。

第四章
时尚营销的理论维度界定

时尚营销的主要内容包括适应、创造、刺激及影响消费者的时尚观和消费需求。时尚营销是营销领域产生的一种新概念和新观点，经过营销实践活动的不断检验与促进，市场上的时尚营销已经步入了全面创新的和拓展的时代，而与之相应的时尚营销的理论与方法也需要向前推进。如果说以往的时尚营销更多地体现在“时尚的营销”，那么，当今的时尚营销更多地体现于“营销的时尚”——营销活动的时尚化运营，其标志着时尚营销真正开始。

本章重点阐释时尚营销的内涵界定、特征、创新要素及可持续性。基于时尚的认知与消费者的时尚观，分析时尚营销的概念与基本特征，探讨时尚营销的产生原理与运营方法，研究时尚营销赋予的文化、社会和经济效应，深入挖掘时尚营销创新的要素。

第一节　时尚营销的内涵界定

一、时尚营销的定义

本书将时尚营销（Fashion Merchandising）定义为：运用时尚化的元素，把能满足顾客时尚消费需求的产品销往目标市场，并在整体营销活动中向消费者渗透时尚理念、诠释时尚生活方式、塑造行业的时尚形象，为消费者创造独特的价值和体验。我们可以从以下几个方面来理解时尚营销。

第一，时尚营销的核心是时尚消费者。整体营销活动系统以时尚消费者需求为导向，先行分析和确认顾客个性化和细分化的时尚需求，再加以满足。

第二，时尚营销的目的是满足时尚需求。运用时尚化的方法对时尚产品进行高品质营销，同时通过营销行为传递品牌形象。它始于可满足时尚消费的产品，直到顾客的时尚消费需求完全满足，包括时尚产品、时尚服务、时尚活动等范畴。

第三，时尚是消费者的社会心理现象，是能够驱动消费的重大商业元素。时尚是一种包含一定文化意义的社会思潮或行为方式，这些思想观念或行为方式渗透到社会中，并不断改变人们的时尚价值标准。时尚营销能够塑造、引领时尚化生活的价值观，也能够满足消费者追求时尚的心理。

第四，时尚消费是一种融合时尚、情感与体验的消费形式，能够为企业提供创新指引。以此为依据，时尚营销将在营销理念和营销战略上进行时尚创新活动，以满足不断出现的新的市场潜力。

第五，时尚营销的整个过程要向消费者全面而立体地传播时尚理念、诠释时尚生活方式，塑造行业的时尚形象。在现代商品社会，时尚营销多表现为一种品牌营销。

二、时尚营销的目的和意义

时尚营销的目的是通过多种手段促进消费者对时尚品牌的认知和消费，提高品牌知名度和忠诚度，从而实现销售和利润的最大化。其意义在于能够让企业更好地了解和满足消费者对时尚的需求和追求，提升消费者的购物体验和使用感受，加深消费者对时尚品牌的认可度和忠诚度，从而赢得市场竞争优势，为企业创造更多的商机并提高企业的市场份额。同时，时尚营销还可以引领时尚潮流，推动时尚产业的发展和壮大，为整个经济社会带来积极的影响。

三、时尚营销的内容

现在很多行业都在时尚化，在不断挖掘时尚基因，通过时尚化的塑造为行业注入新鲜的活力。尤其是品牌通过时尚这一载体来提高其价值，激发人们新的消费欲望，从而促进产品销售。时尚营销是一个不断创造、变换、复制与引领时尚的过程。时尚营销的主要内容包括适应、创造、刺激及影响消费者的时尚需求，改变人们的价值观念和生活方式，最终帮助企业实现其营销目标。

（一）适应时尚需求

企业可以经常关注顾客对市场上现有时尚产品或服务的满意程度，以采取相应的营销策略加大推销力度，确保现有的时尚需求水平。同时，分析消费者为什么不喜欢某些时尚产品，是否可以通过产品的重新设计、降价或其他营销方案来改变消费者的态度，以满足他们的时尚需求。

（二）刺激时尚需求

消费者对某类时尚产品可能有一种强烈的渴望，但现成的产品或服务却无法满足这一时尚需求。面对此类消费者，企业可以对其时尚需求做一个前期调研，开发有效的时尚产品和服务来刺激他们的时尚需求，最终将潜在需求变为现实需求。

（三）创造时尚需求

企业可密切关注消费者的生活方式，也可以主动参与新生活方式的设计，以改变消费者原有的生活方式来创造时尚需求。通过创造时尚需求，企业不但可以创新产品，还可以开拓市场。

（四）影响时尚需求

当时尚产品或服务尚未进入市场之前，大部分消费者并未意识到对此类产品或服务的需求，也不可能预先对此类产品或服务就有潜在需求。针对此类时尚需求，企业可以直接将相关的时尚产品或服务开发出来，推向市场，以影响消费者的时尚需求。

四、营销活动时尚化

营销活动时尚化是时尚企业打入市场的一种软实力，其意义在于能够吸引更多年轻、时尚的消费者，从而拓展市场份额，提高品牌认知度。营销活动的时尚化可以运用具有视觉冲击力的广告、赞助热门时尚活动，或偶像明星代言等方式，来吸引年轻人的眼球并激发他们的购买欲望。同时，营销活动的时尚化也是体现品牌创意和个性化的重要方式，能够提高品牌的吸引力和竞争力。其中，显性时尚营销是指企业通过各种视觉、听觉和感性刺激，把品牌和产品凸显出来，与其他品牌和产品区分开来，从而达到推广品牌和促进销售的目的。这种营销方式注重品牌形象、个性化和创意，致力于提高产品的美感和“潮度”，吸引更多有个性、追求时尚的消费者目光。在显性时尚营销中，品牌注重打造独特的形象，强调品牌的特点、价值和文化内涵，让消费者对品牌产生共鸣和认同感。其主要包括联合营销、名人营销、节事营销、网络营销、绿色营销和时尚秀营销等方式。

（一）联合营销的时尚化

联合营销也称合作营销、协同营销，实质是指两个或两个以上的企业为达到资源的优势互补、增强市场开拓的目的而联合起来共同开发和利用市场机会的行为。品牌联合营销的目的是发挥联合的集群效应，借助组合各方的品牌效应、市场占有率和忠实顾客群体，提高自己的品牌知名度，增加自身品牌价值，获得更多客户的认可，最终实现利益的最大化。

联合营销的时尚化是将联合营销与时尚营销相结合，以吸引更多年轻、时尚的消费者，提升品牌形象和销售额。具体做法包括与时尚界的品牌、设计师或博主开展跨界合作、推出联名款或限量版等活动，共同创造更有吸引力的产品和内容。以品牌与博主合作为例，博主可以通过社交媒体平台分享自己穿搭品牌的服装，吸引粉丝的关注并提高品牌曝光度；品牌也可以邀请博主参加新品发布会或拍摄品牌宣传片等，增强品牌的时尚感和个性化。此外，联合营销的时尚化还可以通过赞助或参与时尚活动来实现。比如，品牌可以赞助时装周、音乐节等大型活动，与活动主办方、设计师或明星合作，共同打造时尚的品牌形象和场景，在活动现场吸引更多的目光和关注。联合营销的时尚化可以通过多种形式来实现，既可以提升品牌知名度和销售额，也可以为品牌注入更多创意和时尚元素，提高品牌的吸引力和竞争力。

（二）名人营销的时尚化

名人营销是指利用名人作为营销手段，帮助企业作宣传来推动产品销售的营销方式[1]。在现代市场竞争中，名人营销越来越成为企业界关注的现象，这种营销方式可以迅速扩大企业产品知名度，对企业产品的推广和客户开发十分有利。

名人营销的时尚化表现为将名人与时尚元素相结合，通过与时尚界的设计师、博主、明星等合作，为品牌注入更多时尚元素，进而利用名人的社会影响力来宣传品牌形象，推动产品的销售。这种营销方式既可以扩大品牌的知名度和影响力，也可以提高品牌的时尚感和个性化程度。在名人营销的时尚化中，品牌可以邀请时尚圈内的知名博主或明星代言，并推出联名款、限量版等产品，从而吸引他们的粉丝和追随者关注。此外，品牌还可以通过赞助时装周、音乐节等活动，并邀请明星出席，共同展示品牌的时尚性和个性特点，加深品牌与时尚文化的联系。需要注意的是，名人营销的时尚化需要品牌有清晰的定位和较高的品牌实力，否则可能会带来负面效应。此外，品牌在选择名人代言或合作时，也需要谨慎选择，避免出现意外情况或与品牌价值不符的行为。总之，名人营销的时尚化可以为品牌注入更多时尚元素和个性化特点，提升品牌形象和销售额。但品牌需要在选择名人和推出产品时慎重考虑，确保与品牌形象和其价值相符。

（三）节事营销的时尚化

节事营销是指在节事活动举办期间，充分利用消费者的节庆消费心理，综合运用媒体宣传、广告、公共表演、线下与线上交易等营销手段，进行产品出售、品牌宣传活动等，由此提高产品的销售力，达到活动的营销目的[2]。

节事营销的时尚化表现为品牌抓住节事特点，结合品牌内核的时尚元素，在节事营销中打

---

[1] 陈晓达．电影工业美学视阈下《攀登者》的制片机制、特效技术及网络营销研究[J]．电影新作，2019（6）：15-20．

[2] 司奇，王晓宇．大连市传统节事活动营销模式研究——以重阳节为例[J]．经济研究导刊，2018（5）：86-88．

造话题热度。好的节事营销不应该简单地追求流量，而是要在深刻理解每个节事的内涵后，将其与品牌内核相结合，制定出有针对性的时尚营销策略，包括设计相应的时尚产品、时尚广告、时尚展览等一系列活动来吸引消费者的关注和购买欲望。例如，品牌可以在一些重要的时尚节日或大型时装秀活动期间，联合知名设计师或时尚达人推出定制版产品或限量款式，满足时尚爱好者和消费者的购买需求。同时，可以借助社交媒体或短视频平台，发布时尚图文、短视频等具有创意的内容，吸引年轻消费者的目光，并增强品牌的影响力和美誉度。

（四）网络营销的时尚化

网络营销也称网上营销或电子营销，是指以现代营销理论为基础，借助网络、通信和数字媒体技术等实现营销目标的商务活动。为用户创造价值是网络营销的核心思想，基于互联网工具的各种方法是开展网络营销的基本手段。

网络营销的时尚化是结合互联网技术和市场趋势，通过多种手段和形式呈现出品牌的魅力与价值，增强品牌的市场认知度和竞争优势的网络营销手段。在实施网络营销时，品牌需要注重与目标受众的沟通和互动，不断进行创新和优化，才能获得更好的营销效果和用户口碑。网络营销的时尚化表现主要体现在以下几个方面。

1. 多元化的内容形式

随着互联网技术的不断创新和演进，网络营销的内容形式越来越多样化。除了传统的文字、图片和视频等形式外，还有VR、AR、直播、短视频等新颖的形式，这些时尚化的内容形式可以吸引更多年轻受众的关注。

2. 社交媒体营销

社交媒体已经成为时下最流行的网络营销方式之一。品牌可以通过微博、微信、抖音、快手等社交平台，与消费者建立联系，并通过社群营销等方式扩大品牌影响力。

3. 个性化推荐和定制化服务

随着大数据和人工智能技术的逐步应用，网络营销也开始向个性化和定制化方向发展。品牌可以通过数据分析和算法推荐，为消费者提供更加符合他们口味、习惯和需求的产品和服务。这种针对个体化需求的营销方式也更加符合年轻消费者的追求。

4. 转化为线下实体店

虽然互联网上的营销渠道越来越多，但是线下实体店依然是品牌最直接的销售渠道之一。恰当地利用互联网工具和技术，将网络营销转化为线下实体店的流量和销售，是品牌时尚化营销的重要方向之一。

（五）绿色营销的时尚化

绿色营销是一种能辨识、预期及符合消费的社会需求，并且是可带来利润及永续经营的管理过程。绿色营销观念认为，企业在营销活动中要顺应时代可持续发展战略的要求，注重地球生态环境保护，促进经济与生态环境协调发展，以实现企业利益、消费者利益、社会利益及生态环境利益的协调统一。绿色营销是以满足消费者和经营者的共同利益为目的的社会绿色需求管理，是以保护生态环境为宗旨的绿色市场营销模式。

绿色营销的时尚化主要表现为品牌将绿色元素与时尚元素相结合，打造具有时尚感和环保意识的产品和宣传活动。例如，品牌可以推出符合环保理念的时尚款式，如采用环保材料制作的服装或手袋等。同时，品牌还可以借助时尚界的力量，与时尚设计师、潮流博主等合作，在时尚圈内引起关注和共鸣。此外，品牌还可以在宣传活动中融入环保理念，通过创新的宣传方式，提高消费者对品牌环保价值的认知度。例如，品牌可以利用社交媒体平台发布环保主题的短视频、微信公众号文章等内容，引发消费者的互动和共鸣，提高品牌声誉和知名度。绿色营销的时尚化能够为品牌注入更多的时尚元素和环保意识，有利于提高品牌形象和影响力，也有助于推动环保事业的发展。

（六）时尚秀营销的时尚化

时尚秀通过品牌授权等方式，与各类时尚品牌结为战略合作伙伴，并进行商品代销、代工等相关业务。时尚秀营销的时尚化需要通过设计、艺术、模特和互动等多种手段来呈现品牌的独特魅力和价值，从而增强品牌的竞争力和市场认可度。在实施时尚秀营销时，品牌需要结合自身特点和受众需求，精心策划和组织活动，创造出优秀的营销效果和品牌口碑。时尚秀营销的时尚化表现主要体现在以下几个方面。

1. 设计风格表现

时尚秀需要追求时尚和前卫的设计风格，以吸引目标受众的关注。设计师需要深入了解品牌定位、消费者需求和市场趋势，通过创新和个性化的设计元素，展现出品牌的独特魅力和风格。

2. 艺术表现形式

时尚秀可以采用多种艺术表现形式，如音乐、舞蹈、灯光、影像等，呈现出视听上的震撼效果。这些艺术手段不仅可以增强观众的体验感，还可以加强品牌形象和观众的情感共鸣。

3. 模特表现

时尚秀中的模特需要具有一定的时尚感和气质，能够展示出服装的美感和价值。模特的穿搭、妆容、表达方式等需要与品牌主题相契合，从而增强宣传效果和品牌认可度。

4. 互动环节

时尚秀的互动环节可以增强品牌与受众之间的互动和沟通，提高品牌的关注度和影响力。互动形式可以包括秀后派对、签售会、微博互动等，通过多种方式拉近品牌与消费者之间的距离，增强互动体验，建立品牌忠诚度。

五、隐性的时尚营销

隐性的时尚营销主要是指时尚企业以消费者感受为中心，为其提供时尚服务，促进产品销售，进而增强与顾客关系的一种营销方式，主要包括体验营销和服务营销。

（一）体验营销的时尚化

体验营销可以解释为企业采取让目标消费群体进行看、听、用、评等体验方式，使其亲身感受企业所提供的产品和服务，让消费者近距离认识到产品优秀的品质和性能，促使消费者喜欢并购买这种产品，最终达成一次满意的消费过程，实现双赢目标的一种营销方式。

体验营销的时尚化是随着消费者对消费体验要求的提高和个性化需求的增加而产生的。越来越多的时尚品牌开始把体验式营销应用到品牌宣传和推广中。例如，一些时装品牌在推广新品时举办时装秀活动，让消费者在活动中亲身感受新品的质感和设计风格，从而提高品牌在消费者心目中的好感度。此外，一些品牌还会在店面或线上举办主题展览，营造出独特的品牌氛围和文化，吸引更多消费者关注并购买其产品。因此，体验营销对于时尚品牌的成功至关重要。

（二）服务营销的时尚化

服务营销是指企业试图在认识顾客需求的前提下，为顾客设计和提供含有无形利益的产品和服务，并为此同顾客进行沟通，使双方达成交易与需要的满足的一系列活动。服务作为一种营销组合要素，真正引起人们重视是在20世纪80年代后期，这是由于科学技术的进步和社会生产力的显著提高，产业升级和生产专业化发展日益加速，一方面使制造产品的服务含量，即产品的服务密集度日益增大，同时，服务产业蓬勃发展，并成为发达国家经济的主要部分。另一方面，随着劳动生产率的提高，生产性服务与消费性服务需求不断增长，市场转向买方市场，顾客消费需求也逐渐发生变化，需求层次也相应提高，并向多样化拓展[1]。

服务营销的时尚化主要表现为企业通过对消费者的需求和喜好进行深入了解，提供符合他们个性化需求的服务，创新服务方式和模式，引领市场潮流，最大限度地满足消费者对时尚的追求。例如，提供线上预约、咨询和虚拟试衣间等创新服务方式，满足消费者的时尚购物需求，提升品牌形象和美誉度。

第二节　时尚营销的特性

一、时尚营销的创意性

时尚营销主要是辨别和满足人们与社会的时尚需求，把社会或个人的时尚需求变成有利可图的商业行为。许多行业将创意、欲望、风格、设计、美学等时尚元素融入企业的产品开发与营销活动中，意图通过时尚元素的注入，提升产品的创新性，创造新的用户体验，以获得更多

---

❶ 陆雄文．管理学大辞典［M］．上海：上海辞书出版社，2013．

的品牌附加价值和商业利益。

二、时尚营销的时尚性

时尚营销是时尚化的营销，是用时尚的理念与方法经营企业的营销活动。在全球同质化竞争如此激烈的市场环境下，企业的生产经营活动也要标新立异，才能面对异常复杂、变化的市场环境，还要面对企业自身缺乏创新性、创造性等问题。而时尚营销恰恰可以为企业提供一个解决这类问题的新思路。时尚营销主张企业以市场为中心，积极把握市场上的时尚流行趋势，甚至引领与改变时尚流行趋势，不断为市场提供时尚产品或服务，最大限度地满足市场的时尚消费需求。

三、时尚营销的符号性

时尚营销的符号性可以理解为品牌和产品所传递的象征和意义，即品牌和产品的特征和属性。这些特征和属性可以被视为符号，通过传达优质、高端、时尚等符号来传达品牌形象和产品价值，从而吸引消费者的注意和购买。例如，奢侈品牌在宣传时常常强调其高端品质和豪华感，其通过这些符号来传递品牌的价值和形象。

四、时尚营销的传播性

时尚营销的传播性得益于时尚产业本身的特点及互联网技术的发展。时尚营销可以通过多种媒介进行传播，如电视、杂志、网络、社交媒体等，其中互联网在时尚营销中扮演着越来越重要的角色。互联网技术的发展促进了时尚营销的传播，其为品牌的宣传与推广提供了更多的机会和空间，在时尚产业的全球化和创新方面发挥了积极的作用。首先，互联网提供了一个高效、低成本的传播渠道。通过建立品牌网站、开展电子商务等活动，品牌可以与受众建立更为紧密的联系，并且以更为便捷和经济的方式向目标受众传递信息。同时，通过社交媒体平台，品牌可以与消费者进行双向交流和互动，提高品牌的口碑和认可度。其次，互联网促进了时尚产业的全球化。通过互联网技术，时尚品牌可以实现全球范围内的推广和销售，跨越地域和文化的限制，将品牌影响力扩大至全球。最后，互联网也为时尚设计师提供了更多的创作灵感和资源，促进了时尚产业的创新和发展。

五、时尚营销的经济性

经济性是指以最低的资源耗费，获得一定数量和质量的产出[❶]。时尚营销的经济性主要体现在两个方面。第一，时尚营销可以提高营销效率，降低营销成本。通过运用时尚元素，将商品或服务与时尚文化相结合，吸引潜在客户的眼球，提升品牌影响力和知名度，从而实现更好的营销效果。例如，一些时尚品牌会使用小众、潮流、艺术等元素，将自己与其他品牌区分开来，吸引更多关注

---

❶ 齐国生. 论经济性、效率性、效果性在绩效审计评价中的辩证关系[J]. 中国审计，2002（10）：23-25.

他们的年轻消费者。第二，时尚营销可以提高品牌溢价和利润率。具有时尚元素的品牌往往可以在同类产品中获得更高的价格和更大的利润空间，从而提高品牌的盈利能力。同时，时尚营销还可以促进品牌与消费者的情感连接，增强消费者对品牌的忠诚度，进一步提高品牌的销售额和利润率。

六、时尚营销的市场导向性

由于经济的发展和科学技术的进步，现代市场总是处在不断变化之中，消费者的时尚消费需求也随之发生变化。因此，企业要根据不断变化的市场环境，及时调整自己的各项时尚营销策略，以适应消费者不断变化的时尚需求。为此，时尚营销学的内容也是随着市场环境和企业营销策略及经营活动方式的改变而不断更新的。时尚营销学的市场导向性要求企业要以市场为中心，积极与消费者沟通，把握消费者的时尚需求变化，最大限度地满足消费者的时尚需求。

七、时尚营销的价值创造性

时尚营销的价值创造性指的是品牌通过时尚化手段在市场中创造经济和社会价值，从而提升品牌价值，激发消费欲望，从而促进产品销售，包括经济效益、社会影响力、产业发展等。

在经济效益方面，时尚品牌的高端形象和社会地位，使消费者愿意溢价购买品牌产品，这将为品牌带来较高的毛利率和更高的利润率。通过对市场趋势和消费需求进行研究，时尚品牌可以推出符合潮流和消费者需要的新产品，这将为品牌带来更多销售机会和增长空间。在社会影响力方面，一个成功的时尚品牌将带来企业的知名度和声誉，从而促进品牌的提升和推广。而时尚品牌在实践社会责任方面，如采用环保材料、推广公益活动等，将有助于提高品牌社会形象和口碑，为其创造更高的社会价值。在产业发展方面，时尚品牌具有高附加值、高市场盈利能力和超乎想象的创意空间，它的价值不仅体现在产品本身，还体现在为其他产业提供上游需求、带动消费和增加就业等方面。

八、时尚营销的用户体验性

时尚营销的用户体验性指的是消费者在购买和使用时尚品牌和产品时所获得的满意度和愉悦感。用户体验包括品牌形象、购物环境、产品设计等方面，在品牌形象方面，时尚品牌形象的高端、时尚和品质形象是吸引消费者的关键因素之一，消费者在购买时可以感受到品牌所传递的价值和文化，使其产生认同感。在购物环境方面，时尚品牌店铺的设计、装修及店内商品陈列等，直接影响消费者的购物体验。舒适的购物环境和良好的服务将给消费者带来更好的购物体验和愉悦感受。在产品设计方面，时尚品牌和产品的设计和创新是时尚营销用户体验性的重要方面，其所具有的独特设计和艺术感受将吸引消费者，从而带来更好的使用体验。在风格定位方面，时尚品牌和产品不仅要与消费者的审美趣味相符，还需要适应市场趋势和变化。时尚品牌对风格定位的准确把握将对用户体验产生重要影响。品牌通过提供独特的使用方式和感受体验来满足消费者的需求，从而加强品牌忠诚度，提升口碑。

第三节　时尚营销的创新

一、什么是时尚营销的创新

时尚营销是时尚化的营销。让营销本身成为一种时尚，是时尚营销创新的根本所在。任何行业的颠覆都来自创新。通过时尚基因的转化运用，将其具体应用到产业营销实践活动中，这便是时尚营销创新的运行过程。从时尚营销资源来源的视角，本书将时尚营销的创新定义为时尚因子创新和营销因子创新。时尚因子创新是指与时尚本身相关的创新，如时尚观念创新、时尚设计创新、时尚内容创新、时尚产品创新、时尚文化创新等。而营销因子创新是指与营销本身相关的创新，如联合营销、名人营销、节事营销、网络营销、绿色营销、时尚秀营销、体验营销、服务营销等营销手段和渠道的创新。

二、时尚营销创新的关键要素

时尚营销创新的关键环节是在企划阶段的时尚观念和创意构思，是对消费者时尚需求的体察和共鸣。同时，在营销阶段，时尚资源运用的协同性和延伸性，促进时尚生态的有效发展。

创新关注的是比任何其他消费者更早购买新时尚产品的倾向。创新的目标消费者是领先的采用者或消费先驱，是时尚意见领导者，即新产品消费的积极分子。时尚营销创新的目标消费者主要是时尚消费者，但又有一些区别。时尚消费者大多数都注重时尚设计，也注重产品品质。时尚营销创新的目标消费群体是兼具“时尚”和“创新”两个方面特质的消费者，他们求新求美，追求社会最前沿的时尚文化，喜欢新颖奇特的时尚新事物，也勇于尝试新产品和新服务。因此，时尚创新的关键要素可以概括为以下五个方面。

（一）消费者洞察

了解消费者对时尚的需求和偏好，以及时尚趋势的变化，为营销策略提供深度支持。

（二）数据分析

借助人工智能、大数据等技术手段，从消费者行为和社交媒体等多个维度进行数据分析，发掘潜在的市场机会和消费需求，从而提高时尚营销的效果。

（三）创新营销策略

营销策略应基于消费者需求和市场趋势进行定位和创新，如社交媒体互动、品牌合作、跨界合作等，吸引年轻消费者和时尚爱好者关注和购买。

（四）产品创新

通过产品设计、材料、工艺等方面的创新，为消费者提供更具时尚感和个性化的产品，以满足消费者对时尚和个性化的追求。

（五）数字化营销

运用数字化技术和新媒体平台，通过在线购物、虚拟试衣间、AR/VR互动体验等方式，将时尚营销推向新的高度，为消费者带来更加快捷、轻松和有趣的购物体验。

三、时尚营销创新的模式

时尚营销创新的核心是时尚与营销的共生创新，使时尚的形式与内容以多种方式出现在营销模式和过程当中，要求时尚与营销的协同共生。创新是现有事物或资源的重组，时尚营销创新的基本原理是时尚产业中各个要素的协同与共生，是不同要素或资源之间的融合重组。时尚营销创新是时尚因子和营销因子相互共生的一个协同系统。

（一）从创新的对象来看

时尚营销创新可以分为时尚主体创新和时尚客体创新。时尚主体创新也称时尚创新，是以时尚为对象进行的创意营销，如时尚设计创新、时尚内容创新、时尚产品创新等。时尚客体创新也称营销创新，是以营销为对象进行创意设计，如时尚技术创新、时尚管理创新、时尚组织创新、时尚商业模式创新等。

（二）从创新的性质来看

时尚营销的创新可分为原始时尚营销创新、跟随时尚营销创新和传承时尚营销创新。原始时尚营销创新是一种开拓性创新，通常会替代现有的产品或服务，对现有行业具有颠覆性的升级效果。跟随时尚营销创新是模仿性创新，是对现有产品或服务进行模仿或细微的改进，虽然具有一定的独创性，但并不是从根本上对产品或服务进行创新。传承时尚营销创新是一种适应性创新，就是在原来赖以生存的产品或服务接近终结的转折时期，洞察并适应新的市场需求，通过创新来寻找并适应新的生存空间。

（三）从创新的内容来看

时尚营销创新可以分为显性时尚营销创新和隐性时尚营销创新。显性时尚营销创新是指时尚物质形式方面的创新，如时尚产品创新、时尚工艺创新、时尚技术创新、时尚设计创新等。隐性时尚营销创新是指时尚意识形态方面的创新，如时尚价值创新、时尚观念创新、时尚体验创新、时尚行为创新、时尚生活创新等。

协同共生指的是共生单元通过不断主动寻求协同增效，实现边界内组织成长、跨边界组织成长、系统自进化，进而达到整体价值最优的动态过程。我们将组织内外的共生目标设定为在组织内部，通过内部协同增效，实现边界内组织成长；在组织外部，通过外部协同增效，实现跨边界组织成长；从内外部来讲，通过组织内外部的协同增效实现系统的自进化。其中，组织内部共生是指组织内的共生，最重要的是“责、权、利”对等。也就是说，我们对自己所承担的角色和责任，能够独立地做出来。只有每个人承担了责任，愿意为自己的分工付出价值，这个时候组织内部的效率是最高的。组织外部共生是指组织外共生追求的不仅是内部效率，我们要寻求的是外部效率，此时它不是“责、权、利”对等的概念，更强调的是能否形成整个企业的价值网络，让彼此协同。组织内外共生是指内外部共生，就是系统自进化。组织内外部共生要的是一个更大的系统的效率，也就是要从无序变有序的过程，彼此能够形成真正的价值、目标、技术、数据、认知思维的认同。

根据协同共生管理模型（SDAP），即场景（Scene）—意愿（Desirability）—能力（Ability）—过程（Process）。该模型设置一个协同共生各单元都能纳入的场景，并在行为上有所要求，进而探讨共生的意愿及实现共生的能力。时尚营销创新的运营模式正是基于协同共生的原理，结合不同时尚基因创新的类型与方法有机组合形成（表4-1）。特定的产业条件、市场结构和竞争状态相互作用，促使场景的运营适应情境特点得以达成。个体的工作动力、协同技能、沟通能力和专业能力使个体主动参与工作，有效与他人协作，更好地实现数据共享和活动协调，从而实现个体之间的协同共生。通过组织信息、组织流程、协同制度框架、组织结构与氛围等要素在组织运行中的相互作用及协同，共同构成并影响着管理过程的实施与推进。

表4-1 时尚营销创新的运营模式

情境	人	反应
产业条件	工作动力	组织信息
市场结构	协同技能	组织流程
竞争状态	沟通能力	协同制度框架
—	专业能力	组织结构与氛围
场景（S）	意愿（D）与能力（A）	过程（P）

四、时尚营销创新的方式及路径

时尚营销创新的方式主要有粗放式创新和集约式创新两种。时尚营销的粗放式创新主要关注总效益的增长，时尚营销的集约式创新主要关注总效率的提升。

（一）时尚营销粗放式创新

时尚营销粗放式创新突出表现为在时尚营销创新过程中重规模、重投入；创新活动重数量、轻质量；创新效果重收益、轻风险；创新产出的可利用率低、技术含量差。这种方式的创新短期内投入成本较低、技术较单一，存在很多风险与隐患，而且并不能实质性地解决技术和管理的难题，创新能力也不足。简单来说，时尚营销粗放式创新是企业为了提高其竞争优势而引入的时尚营销创新活动，旨在增长其经济收益，资本转换率比较低，给环境造成的危害较大，不利于时尚营销的可持续创新。

时尚营销粗放式创新路径：主要是通过扩大规模、降低成本和提升效率来实现企业的快速发展。具体来说，它包括以下几个方面。

1. 增加产品种类和产能

将生产过程标准化、流程化，采用大规模、批量化生产方式，以提高效率和降低成本，占领更多市场份额。

2. 拓宽销售渠道

重点放在广告宣传和渠道建设上，通过网络广告、平面广告、电视广告等一系列营销手段来宣传产品，拓宽销售渠道，扩大产品的知名度和影响力。

3. 优化供应链管理

通过与供应商密切合作，优化供应链管理、强化物流与配送能力，保证产品及时、准确地送达客户手中。

4. 简化经营管理程序

注重财务、人力资源等方面的管理工作，简化流程、提高效率，降低管理成本。

5. 加强员工培训

通过巩固和加强员工培训、激励机制等手段来提高员工积极性和工作效率。

（二）时尚营销的集约式创新

时尚营销的集约式创新主要表现为依靠产业生产要素的优化组合提高生产要素的质量和使用效率，通过技术、产品、服务及市场的创新来实现经济增长。这种方式的创新通常体现在初创阶段的精巧构思和人文关怀，且融入了一定的技术含量，尽可能多地满足消费者的时尚需求。时尚营销的集约式创新具有很多优势，而且其消耗较低、成本较低，产品质量能不断提高，综合经济效益较高；有助于创造良好的口碑，与消费者建立长期的信任，更好地迎合消费者的时尚需求；可以培养更多的时尚创新型人才，以规避创新中不确定的风险。时尚营销的集约式创新对自然环境产生的负面影响可以降到最低，能兼顾经济效益、社会效益和生态效益，是一种可持续的创新方式。

时尚营销的集约式创新路径主要是通过不断提升品牌的附加值和差异化竞争力，专注于细分市场，提升客户体验，从而实现可持续发展。具体来说，时尚营销的集约式创新路径包括以下几个方面。

1. 突出品牌个性化

在同质化的产品市场中，打造独特、个性化的品牌形象，凸显企业的特色和价值观，使消费者能够在品牌之间有所区分，提升他们对自己品牌的认可度和忠诚度。

2. 提高产品品质

加强产品品质控制，提高产品的附加值和信誉度。不断提高产品设计、制造和流通环节的效率和质量，以满足消费者对高品质产品的需求。

3. 强化渠道模式

建立相应的渠道模式，以便更好地传递品牌形象、扩大销售规模、增加品牌影响力。通过与优秀的代理商合作，也可以在传统的线上、线下渠道外，如社交媒体和电商平台渗透市场。

4. 优化营销策略

着力于拓展和维护目标客户群体，将产品以不同的形式、方式和渠道推向市场。通过区分消费者需求和行为模式，量身定制针对性的营销计划，引导消费者在选购、使用等环节上主动与品牌互动。

5. 服务增值

除了产品本身，企业需要提供更优质的售后服务，增加客户体验和印象。建立客户服务平台，与客户进行及时、有效、互动型的沟通，善于倾听消费者反馈，开展专业的培训和咨询等各种措施，为消费者带来一流的服务。

时尚营销的集约式创新路径更多关注市场的需求和消费者的情感表达，从而创造出更具有影响力和持久性的品牌形象和文化。同时，集约式创新路径也更注重可持续发展，其将更加注重环境、社会责任等方面的因素。

第四节　时尚营销的可持续性

一、时尚营销的可持续性

可持续性是指一种可以长久维持的状态或能力，通常被理解为可持续发展。最早由英国学界提出，并在1987年世界环境与发展委员会出版的《我们共同的未来》报告中被正式定义为："既能满足当代人的需要，又不对后代人满足其需要的能力构成危害的发展。"该理念经过演化发展，形成了包含经济发展、社会进步、环境保护三个支柱，以及消除贫困、保护自然、转变不可持续的生产和消费方式等核心要素的综合发展框架。2015年9月，《改变我们的世界——2030年可持续发展议程》中设定了17个可持续发展目标，体现了国际社会对可持续发展问题的共识[1]。

时尚营销的可持续性也符合联合国的可持续发展目标。在经济方面，时尚品牌可以通过零

[1] 王秀梅，谷杨怡文．时尚可持续发展论纲[J]．浙江理工大学学报（社会科学版），2021，46（6）：702-712．

售渠道和回收利用来创建循环经济。对于过期的衣物和产品，应该回收利用并重新生产成新的产品。在环境方面，时尚是世界上第二大工业污染物，仅次于石油化工业，因此时尚需要环保。时尚环保不是只有生产的概念，而是全寿命周期的概念，除了生产，还要考虑选材、使用和处理。在社会方面，时尚品牌应该在产品生产和营销中承担社会责任。例如，在生产过程中遵守劳动法规，提供良好的工作条件和薪酬、建立可持续的社区关系、关注供应链的透明度、支持社会公益事业等。时尚品牌应该推崇文化多样性和包容性，倡导和支持种族、性别和少数族裔的平等权利。

二、时尚营销“技术—经济—环境”协同发展

协同理论主要研究非平衡状态下开放系统内部各要素的协同机制，是系统科学的重要分支理论，由德国物理学家哈肯（Haken）创立❶。根据协同理论，在不断与外界进行物质、信息交换的开放系统中可以实现自组织。在特定条件下，具备自组织特征的系统能够不依靠外部指令，通过内部子系统互相影响的协同作用，实现从无序向有序状态的演化，这种演化原理对自然界与人类社会中复杂系统发展的解释具有普适性意义❷。

协同理论强调各种系统内子系统互相耦合的协同作用，可以有效解释系统演化过程中不同子系统的相互作用规律。企业协同系统属于动态开放性系统，其从无序到有序的演化过程符合自组织演化规律，其演化方向和方式等主要取决于协同系统内部序参量的性质及其役使作用。时尚营销的协同发展是将不同的营销手段和资源整合起来，共同推动品牌的发展和市场拓展，主要涉及技术、经济、环境三方面。在技术方面，现代技术的发展可以帮助时尚品牌更好地进行市场营销和管理。例如，电子商务平台可以提高时尚品牌的销售和曝光度，社交媒体可以增强品牌的宣传和社交效应，智能化制造和供应链管理可以提高时尚品牌的生产效率和可持续性。因此，时尚品牌应该不断地更新自己的技术和营销手段，以适应市场的变化和消费者的需求。在经济方面，时尚品牌需要在营销中注重经济可行性。在制定营销策略时，品牌需要考虑消费者的需求和预算，平衡产品的质量和价格，同时也需要考虑品牌自身的经济状况和市场前景。因此，时尚品牌需要制定经济可行的营销策略，以保证其在市场上的竞争力和可持续发展。在环境方面，时尚品牌需要注重环境保护，在生产和营销中尽可能地减少对环境的影响。例如，品牌可以采用环保材料、使用可再生能源、降低废弃物等措施，以减少其对环境的负面影响。同时，品牌也应鼓励消费者进行环保消费，推广可持续时尚的理念，以提高消费者的环保意识，促使其行动起来。因此，时尚品牌需要在技术、经济和环境等方面做到协同发展，以实现可持续发展的目标。

---

❶ H·哈肯. 协同学引论：物理学、化学和生物学中的非平衡相变和自组织[M]. 徐锡申，译. 北京：原子能出版社，1984.

❷ 张晓飞，王豪，高常玲，等. 环保企业的协同战略模式——基于扎根理论的探索性研究[J]. 管理案例研究与评论，2021，14（6）：573-587.

三、时尚营销可持续发展的实施路径

对于时尚品牌来说，可持续发展的实施路径是一条完整的覆盖产品研发、供应链到营销沟通的全价值产业链。从原材料采购、生产加工环节到产品回收及消费后处理的全供应链可持续转型深远影响时尚业的可持续变革。例如，品牌绣嘉（SHOKAY）整合供应链，推出回收再生牛仔布，实现可持续目标。一条牛仔裤，在制作过程中用水较多；棉花在种植中耗费的水是制作牛仔裤用水的数倍。可持续时尚品牌SHOKAY凭借供应链整合优势，回收检测合格的棉织物制成再生棉纱线，推出回收再生牛仔布。

该实施路径需要解决的根本问题是“循环利用”“零废弃物”和“回收再生”。“循环利用”是为了减少不必要的消费，是解决目前时尚行业造成巨大浪费的最直接的办法。例如，巴塔哥尼亚（Patagonia）推出衣物缝补计划，同时倡导消费者理性消费。再如，设计师品牌再造衣银行升级改造旧衣，让其循环再生成为新的时尚，这是再造衣银行成立的初衷。“零废弃物”是为了一方面将生产过程中产生的废料进行循环再利用，另一方面对于消费后的废旧物品进行回收再加工。“回收再生”是从研发设计、生产运营、消费者参与到消费后处理，将循环模式应用于全价值链中。循环产业路径是可持续发展理念的经济发展模式，是“资源—产品—消费—再生资源”的闭环生态经济，运行模式为“资源—产品—再生资源”。

实现可持续发展的时尚营销，需要以下几个方面的实施路径。

（一）环保材料的应用

时尚品牌可以选择使用环保材料，如有机棉、竹纤维等替代传统的纤维材料。同时，选择使用可持续发展的染料和印花技术，以减少对环境的污染。

（二）供应链管理的优化

时尚品牌可以加强对供应链的管理，推动供应链的可持续发展。例如，选择优质的供应商，对供应商进行社会责任审核等措施，从而确保供应链的可持续性。

（三）循环经济的实施

时尚品牌可以通过推广租赁、二手回收等循环经济模式，推动时尚产品的再利用和再生产，减少浪费和资源消耗。

（四）社会责任的承担

时尚品牌可以加强对社会责任的承担，如关注员工福利、支持环保组织等，从而提高品牌形象和社会认可度。

（五）消费者教育的加强

时尚品牌可以通过推广可持续时尚的理念和概念，引导消费者更加理性地购买和使用时尚产品，减少浪费和资源消耗。

第五章
时尚营销的传播学解释

时尚营销是一种有关时尚信息的交流和沟通方式，体现了大众对时尚信息的共享需求。时尚属性的注入不仅是一种创新方式，也是时尚观念的文化载体，企业通过这一载体，传达了崭新的时尚价值观念与时尚生活方式，使大众的时尚消费需求得到某种意象性满足，激发大众审美趣味，对大众时尚观具有引领作用。

本章以营销与传播的内在关联性为基础，分析时尚营销中文化符号的创意性与时尚文化的传播性，探讨时尚营销全过程中伴随的深层次的文化构建与直观的时尚表达。此外，从传播学角度着重分析时尚营销对受众时尚观念、时尚态度、时尚行为及社会生活的影响机理。

第一节　时尚营销的文化传播本质

一、时尚营销的文化内涵

时尚营销的营销理念为文化、品牌、营销三者的联动关系，将这三者归为一点便是为消费者创造独特的价值。卓越的品牌无不以具有深厚底蕴的文化为内核，成功营销无不以具有高度价值的品牌为根基。而营销又在不断向目标受众传达独特的文化理念与品牌诉求，构筑于文化与品牌基础之上的营销才是真正有生命力的营销。

随着经济的发展和人民生活水平的提高，顾客追求的已不再停留于物质需求的满足，顾客有时候将消费当成一种享受来对待。在这种情况下，企业的营销也要与时俱进。美国的肯德基表面上卖的是汉堡加鸡腿，而实质上它卖的是现代、快捷、时尚个性化的饮食文化。日本的佳能公司卖的也不仅是数码照相机，实质上是让人们留住永恒和难忘的回忆。还有，在中秋节我们吃的月饼是什么，吃的只是月饼的味道吗？不是，其实吃的是中华民族传统文化——合家团圆。端午节吃的是粽子吗？不是，端午节在吃的是有关屈原的历史文化故事。过生日吃的仅仅是生日蛋糕吗？也不是，吃的是人生的希望与价值。这些产品在营销过程中，不仅营销了其实物价值，更营销了其内在的文化内涵。时尚营销有别于传统营销，传统营销的中心思想是通过市场将优质的产品和周到的服务提供给顾客，以实现顾客各种需求的满足。而时尚营销则还需要通过顺应和创造消费文化和价值观使顾客通过消费在心理上得到一定程度的满足，即使消费者有一种真正融入“时尚”的感觉。传统营销的核心只是产品的适销对路和周到服务，而时尚营销则还需要通过赋予企业、产品和服务一定意义的文化内涵，同时宣传一种文化理念，让顾客一起分享其价值观念。

在地铁剧《晴天日记》中，男主角关心女主角的方式就是将星巴克品牌新出的一款咖啡饮品——星冰乐作为其表情达意的工具，该剧一经播出大家都在问“哪里有卖瓶装的星冰乐？”剧中隐性地提供给观众一种新的消费方式和消费理念，咖啡也有瓶装的，可以直接饮用，配以生动时尚的都市恋情，再加上青春的俊男靓女，使星巴克瓶装咖啡赢得了很高的关注度和市场销量。消费文化包括物质消费文化、精神消费文化和生态消费文化，它是社会文化一个极重要的组成部分，是人类在消费领域所创造的优秀成果的结晶，是社会文明的重要内容。星冰乐体现的就是物质消费文化。而百事可乐投资的微电影《把乐带回家》则大打感情牌，该微电影以感恩为主题，希望大家珍惜身边的亲人、朋友、机遇，以及帮助自己的所有人，片子最后打出“你就像我的家人，这一年，有你真好。”而红星美凯龙投资的微电影《时间门》则以珍惜亲人为主题，提醒大家不要总是沉浸在工作的忙碌中而忽视身边的亲人，影片以“人生的幸福在于和家人在一起；家人的幸福在于和你在一起”结尾，传达了红星美凯龙致力于为客户打造一个舒适、温馨的家的家装理念，让更多的人珍惜家庭幸福，一起营造出为和谐美满的家庭而努力的企业形象。还有凯迪拉克投资的微电影《66号公路》，在美国著名的66号公路实地取景，讲述了女主角追求自由与梦想的生活态度，传达了“眼前是整个世界，心底是整个自由”的内心独白，契合现代人向往自由的精神理念，与凯迪拉克汽车品牌追求的理念不谋而合，也是使卡迪拉克汽车销量一路飘红的重要宣传工具。

二、时尚文化传播的内涵

传播是交流的工具。在数十亿地球人组成的巨大的社会中，传播成为人类关系赖以存在、延续和发展的重要机制，成为人类将交流中的符号在时间上、空间上进行保存、传递与演绎的手段。传统传播学主要有五大要素，即传者、受众、内容、渠道与效果。这五大要素界定了传播学的研究范围和基本内容。归到本真，时尚传播应在传播学的研究范畴内进行深入探讨。人类学家爱德华·萨丕尔（Edward Sapir）在《社会科学百科全书》中撰写的“传播”的词条为：“社会是一个高度复杂的网络……小至一对恋人、一个家庭，大至一个国家以及更大范围的人类社会，即由于新闻媒体的跨国影响所能结成的人类社会。表面上看，社会是社会机构静态的总和；实际上，个人交流时的传播行为焕发了社会活力，以及创造性地确认社会的存在。”[1]简单来说，传播是人与人之间的连接，人们在传播中注入信息，又在信息中注入意义，受众根据个人的经验和所处的文化环境，对传播中的符号进行解读，获取其欲表达的意义。当传播关系顺利时，传播与解码的过程能达成一致，传播者达到预期目标；当传播关系不顺利时，可能出现传播误解，影响甚至背离传播目标。无论是意识领域还是商业范畴的传播，其过程和效果都值得深入研究。回到时尚，在这样一个以审美为特点、具有明显艺术性和商业属性的传播关系中，文化与商业的连接相互交错，互相影响。

时尚传播的内涵可以从广义和狭义两个角度来理解，广义的时尚传播所指较广，既包括风尚、方式、观念和态度等无形传播，又包括时尚产品等商业性传播。广义的时尚传播中所涉及的风尚、方式、观念和态度等与文化相关，这一类型的传播可以称为“时尚文化传播”。文化通常包括一个国家或民族的历史、人文、传统习俗、生活方式、文学艺术、行为规范、思维方式、价值观念等。梁启超先生在《什么是文化》中说：“文化者，人类心能所开释出来之有价值的工业也。”[2]透过物质和制度层面等文化的外在形式和承载物，文化的内在核心体现为一个国家和民族在社会意识活动中所孕育出来的价值观念、审美情趣、思维方式等因素。在时尚传

---

[1] E Sapir. Encyclopedia of the Social Sciences［M］. New York：Macmillan，1935：78.
[2] 梁启超. 什么是文化［J］. 晨报副刊，1922（12）：3.

播的意义与物质两个系统内，文化更本质地影响了时尚传播的意义系统的构成。而狭义的时尚传播指的是对时尚产品，如时装、配饰、汽车、家具等的艺术化的商业性传播。时尚传播是一个完整的过程，是时尚产品相关的信息被广而告之的过程，涉及传者、渠道和内容、受者等多重关系。传播内容包含图像、文字、语音、电子传播。媒体的传播是通过产品形象、语言文字、活动等不同手段，有效地传达品牌理念、树立品牌形象的过程。从这个意义上说，时尚产品生产的目的是消费，而时尚传播的目的是引导消费。时尚产品借助媒介对其产品信息、产品形象进行有针对性的定向投放。当消费成为时尚传播的最终目标时，其商业属性就突显出来了。在这个过程中，从产品包装、媒介选择、内容制作到资源整合等，都需要精准地定位和判断，需要恰到好处地利用传播媒介和传播规律等。时尚传播对时尚产品形象的传播与塑造，既包括传播内容（产品、包装、目标客户群、广告设计、预期效果等），也包括传播渠道（媒体的选择）。狭义的时尚传播起始于时尚产品设计的构思萌发，终止于时尚产品的销售末端，甚至可能更远至使用产品后的消费心理以及产品美誉度等。从商业属性看，时尚传播的本质更接近于时尚品牌传播。无论是人际传播，还是大众传播，都是为了向受众施展品牌影响力，向受众展示品牌的差异和内涵，使受众关注、理解、喜欢与消费某一品牌。

综合以上分析，时尚文化传播指的就是在对时尚产品或服务进行商业传播的同时，其所包含的风尚、方式、观念和态度的传播。时尚文化传播本质上是一种精神活动，它贯穿于当下人们的思维、信仰、理想、价值取向、审美情趣等，反映了社会生活实践的崇高精神追求，体现了人类精神文明和物质文明的审美意蕴，提高了社会、民族素养。

三、时尚文化传播的特征

时尚文化传播与传统的传播既有共性，又表现出一定的差异性。时尚文化传播的基本传播要素与传播学一致，如传播者、受众、内容、渠道和效果等要素，除此之外，时尚文化传播还表现出来一些独有的特征。

（一）艺术性

时尚文化传播的起点是审美，它传播的内容是与创意和审美有关的艺术化的观点、形象、作品或产品。时尚文化传播常被归为创意文化产业，也源于这一特征。从内容到形式的艺术文化表达，成为它与其他传播形式明显不同的特征。

（二）商业性

文化是在传播时尚或服务的过程中包含了价值观的传播。换句话说，产品是文化的物质载体，或者文化体现在给消费者提供服务的过程中。生产商将品牌特有的价值观传播给消费者，其根本目的在于塑造品牌的知名度、美誉度，打造品牌资产和提升品牌溢价能力，最终目的不仅是信息传播，还要产生商业价值。

（三）视觉化

时尚文化传播在艺术化的表达中，较多表现为视觉化特征。时尚文化传播离不开视觉传播。视觉形象对于时尚文化传播来说，就像电影中的男主角与女主角，文字则更像配角。在时尚品牌的传播中，传者主要通过视觉形象对受众进行视觉引导与说服，影响其消费喜好，推动其形成最终消费。

（四）符号化

时尚文化传播的意义系统与符号有关。许多意义的表现形式是以符号形式出现的，比如服饰文化通过服饰符号表达。对符号的提取、创造与设计的过程，正是传播产生价值的过程。而符号的表达也受文化背景的影响。特定文化背景下，符号的表达有不同的规则。

四、时尚品牌传播过程中的文化含义

时尚品牌在经营过程中，其文化创意含义蕴含在设计和传播理念当中，对于拓展消费市场、提升品牌影响力具有十分明显的作用。时尚品牌在设计和传播的过程中必须注重对于文化元素的把握，其不仅会提升品牌本身的价值，而且会在消费者当中产生一定的附加影响，对于提升品牌的综合竞争实力具有最为直接的作用。

在对时尚品牌进行传播之前的设计阶段，就必须考虑到文化意识。一方面，要基于文化意识进行时尚品牌的设计。民族历史文化和独特的地域地理文化，不同的民族文化视域下，不同的地理气候环境、生活方式，群众的不同信仰都可以作为时尚品牌的不同文化载体，成为灵感的源泉，呈现出不同的效果，让身为艺术载体的时尚品牌呈现出无穷的魅力。另一方面，文化意识也要运用于时尚设计的过程中。在时尚设计的过程中，对于文化意识的运用要充分注意理论学习和研究，要在文化精神的层面充分把握文化元素的灵魂与核心，防止在时尚设计的过程中片面地出现对于文化意识符号化、表情化的理解，表象化地将文化元素罗列在时尚品牌的设计过程当中。

在对时尚品牌的传播中，更要注重其蕴含的文化含义。

（一）时尚品牌本身就有一定的文化意义

广告是最为人所关注也是最被品牌重视的艺术设计之一，不同品牌都会拿出最能彰显其品牌特色以及全新的设计元素来吸引大众，同时宣传品牌理念。对于时尚品牌而言，其最终所要面对的是消费者，一切投放都是为品牌服务，为品牌的市场发展和经营服务，只有向消费者传达出最新的理念，才有可能激起消费者对其购买或者关注的心理，使其在时尚竞争中更加有力。

（二）动态时尚广告中也具有一定的文化含义

动态时尚广告主要是指在电视上投放的品牌宣传视频，其不仅是一种商业行为，更是一种彰显品牌文化元素和文化内涵的艺术行为。通常意义上，一则动态的时尚广告主要围绕产品的基本信息，依靠视觉设计者的技能和直觉感官，利用多种外来元素将其产品以广告面孔进行有效的组合、筛选，并创造出各种情境将其组合在画面中，使其更具变现力和感染力，更利于广告推动产品销售等效果的实现。

（三）时尚品牌的广告语中包含着文化意义

通过表达的动力、文字的含义等元素全面展现出来，让消费者面对这样一则广告文化时，品牌注入的广告语就会出现在消费者的脑海中，使其联想到这款时尚品牌。

时尚品牌在漫长的发展过程中形成了该品牌所独有的文化理念，并在不断创新、不断吸收和融合的过程中，吸取更多的文化元素，在不脱离品牌精神的情况下，朝向更加多元化的角度发展。对于时尚品牌而言，它在设计和传播的过程中，将文化意识与文化理念巧妙地融合其中，将文化精髓以多样化和充满创意的形式呈现在世人面前。面对激烈的市场竞争，只有这样品牌才有可能永葆青春和生命力，不断焕发生机，取得长足的发展和更多人的关注。

第二节　时尚营销的文化符号表达

一、符号与符号消费

霍克斯（Hawkcs）在《结构主义和符号学》一书中指出："符号学的疆域（假如其存在的话）和结构主义接壤，两个学科的兴趣基本上是相同的。"他又说道，"长远看来，两者都应被囊括在第三个容量很大的学科内，它简单地叫作传播学。"[1]生活中的符号无处不在，广告更是符号化的产品，当代生活就是一个符号化的过程，物品要被消费，首先要成为符号，只有符号化的产品，如为广告所描绘、为媒体所推崇，成为一种时尚，为人们所理解，才能成为消费品。

一般而言，符号学的研究领域可分为符号本身、组成符号所依据的符码与符码系统、符号或符码所依托的文化三个范畴。其中，研究符号本身即研究符号的种类与不同种类传递讯息的方式以及符号与使用者之间的关系；研究组成符码所依据的符码与符码系统，即探究社会或文化因自身需求以及拓展不同传播途径的需求而发展出各种形式符码的情况；最后一个范畴——符号或符码所依托的文化，研究的是文化如何依附于符号或符码的运用，并借此维系自身的存在与形式。罗兰·巴特（Roland Barthes）认为符号表示意义的过程可分为两个层次，符号第一层即"外延意义"，符号产生意义的第二层可分为三种方式，分别是"内涵意义""神话""象征"（图5-1）。"外延意义"通常不受社会文化差异的影响，其描述内容为符号中能指和所指的关系以及符号与指涉物之间的关系，它是符号最明显的意义。而"内涵意义"指社会文化所赋予的符号意义，当

[1] 马克·博斯特.第二媒介时代[M].范静哗，译.南京：南京大学出版社，2005.

符号带有文化价值时即为巴特所言的“神话”，符号与使用者的情感、文化价值观的互动影响。“神话”这一层次即文化面对与解释现实所用的一大准则，可谓文化思考事物的方式，一种概念化事物与理解事物的方式。而当物品由传统的习惯用法进而替代其他事物的意义，即成为象征。

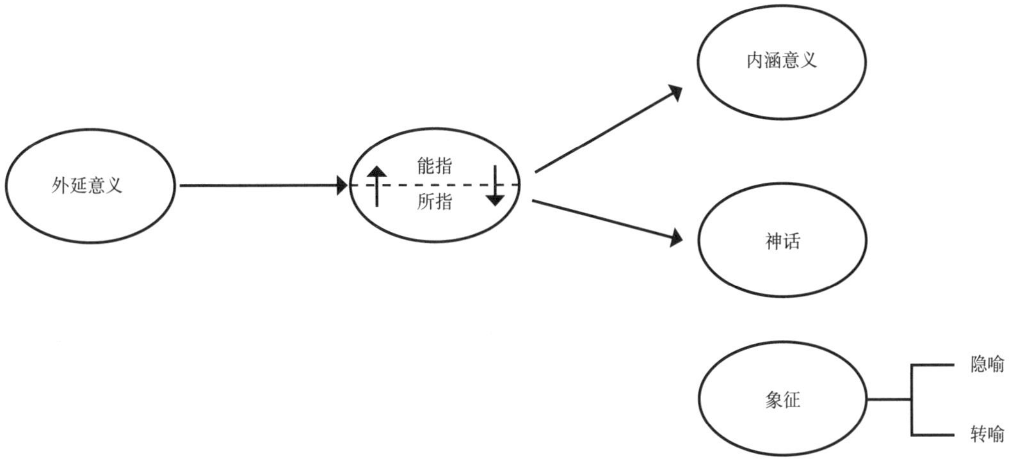

图 5-1　罗兰 · 巴特符号意义的两个层次

最早提出符号消费观点的是法国社会学家鲍德里亚（Baudrillard），他认为产品具有物的价值（产品的品质、功能与性能）和符号的价值（产品的设计、颜色、品牌与广告）的两面性。由于这些产品意象，消费者不再只是以物品本身的功能为使用目的，而是开始以感性消费来满足自身心理需求，换句话说，在符号消费的时代中，符号已渐渐成为资本主义消费逻辑的中心。现代人的价值观、生活形态模式从过去仅仅为了满足基本的衣食住行的需求渐渐变为新的消费形态，并渴望有进一步的感官升华，因此在物质产品符号化与虚荣心的交相作用下，产生了符号化的消费形式，而这就是符号消费的形态。所以消费者在消费时，不再仅仅是单纯的消费，而是透过符号来进行消费，消费的实践成为个人表达的主要形式与成为认同的重要来源。符号消费就是使消费不只以需要为基础，还逐渐建立在欲望之上，因为符号消费的特征已经不再以产品的“优劣”进行判断，而是以“好恶”为基准来从事消费活动。因此，符号消费理论是建立在意义上的形构，而非基本需求，因为需求是由社会所定义，物品被消费只是符号价值的差异逻辑。换言之，符号消费意味着现今社会的消费形态已超出维持基本生存水准而开始加入文化与感性的因素，因此消费者购买产品大部分是因为符号的含义，而非实质的效用价值。以化妆品为例，化妆品不仅具有保养皮肤的功能，在人类生活的文化脉络中还具有年轻、美丽的隐含意义。

时尚传播讲究视觉审美，尤其重视标准化、细节化的品质感的传达。富于质感的视觉形象需要高成本的投入，但时尚传播却鲜少以“金钱”“权力”为表征，而是赋予传播内容“风格”“品位”“人生价值”“精神内涵”等文化符号，借助文化符号彰显时尚的附加价值，从而使公众在接受时尚信息的过程中体验到文化区隔、身份区隔的符号意义，由此反过来强化时尚的传播功效。具备明显策略安排的时尚品牌传播更是如此，从组织产品或品牌精神中凝练一组特殊的符号，赋予其一定的文化价值，并以此为核心来构思、策划、安排传播内容与传播形式，通过系统化、持续性地运作，影响公众身份建构与社会认同的框架体系，诱导公众追寻具有此种符号象征意义的品牌与消费，强化公众对组织时尚性的认知。

成功实施文化传播、占有文化资本的关键在于挖掘甚至再造文化符号。路易·威登（Louis Vuitton，LV）的品牌传播揭示了时尚传播“文化符号性”的典型运作机制。LV品牌的文化符号是“旅行”。1854年，出生于法国木匠之家的路易·威登（Louis Vuitton）在巴黎创办了第一家皮具店，其用特里亚农灰（Trianongrey）帆布制成的平盖行李箱很快成为巴黎贵族们出游时的首选装备。从此，“旅行”成为LV品牌文化的核心价值绵延至今。自1998年开始，LV每年出版一套城市指南，内容涵盖一个旅行者所需的一切信息。2007年，LV开启主题为“核心价值”（Core Values）的品牌传播之路，表达旅行的文化意义；2008年，LV中国市场上首支电视广告在中央电视台播出，在意识流广告文案与舒缓华丽的广告音乐中，LV用质感唯美的画面传递出其独特的文化内涵——关于生命旅行的意义；2012年，LV启动“旅程之约”微电影宣传，旅行的符号价值再次延续。

赋予时尚信息以特别的符号价值，使时尚传播“远离市场”，从而淡化其物质属性。而符号价值的彰显，又是时尚传播进入大众视野并获得推崇的重要支撑。

二、时尚符号的功能

传播学是研究人类通过何种手段及渠道实现对符号的运用，从而参与和完成社会信息交流的一门学科体系[1]。符号是传播的核心要素之一。符号的传播中，编码是发信人将想要传达的抽象、复杂的信息利用符号实现可感化的过程；解码是收信人接收到信息，按照符号的规则重新读取所承载信息的过程，这一过程是在收信人的心理空间实现的。符号的编码与解码都是为了信息的传达。在时尚传播中，符号的功能可以分为两类：表意功能与美学功能。

（一）符号的表意功能

关于传播，索绪尔（Saussure）曾提出符号的能指与所指理论[2]。能指即符号可感的外在形式，比如词语、话语、实物或影响。所指即符号的意义，是从符号获得的经验、了解的内容或情感反应。在服装这个符号系统中，能指更多指向外观（一件衣服、一款皮包或一种发型），

---

❶ 周惠萍. 商业公共关系传播方式与效果的深度思考[J]. 商场现代化，2006（25）：193.
❷ 任悦. 视觉传播概论[M]. 北京：中国人民大学出版社，2008：13-19.

是具体的、看得见的实物（服装）或形象（外观），能传递意义。所指则更抽象、难以触知，是能指所指涉的概念或意义。服装作为外观符号融合了能指与所指，类似于可触知的实体（部分）或形象（整体）和不可触知的意义或信息的混合体。因此，外观符号既具体（可触知）又抽象（不可触知）。

暗示意义是符号通过特定的语境、环境、文化传统和习俗等背景，暗示给受众，让受众联想到另外的意义。传达暗示意义，一种很重要的方式就是隐喻。罗兰·巴特认为，人类天生就喜欢类比。在符号学意义上，隐喻就是通过一些人们熟悉的词汇来表达人们不熟悉的事物。隐喻是一个能达到事半功倍效果的设计策略，也是一些设计大师创造精美绝伦的设计之美时常用的一个策略。比如，勒·柯布西耶（Le Corbusier）设计的朗香教堂，通过建筑表达类似"视觉领域的听觉器件"的神秘主义风格。W.J.T. 米歇尔（W.J.T. Mischel）在索旭尔（Saussure）的理论基础上提出四分模式，认为传播除了能指与所指之外，还存在表征的生产者和观者两个因素，强调符号的意义是在交流中产生的，而图像符号的交流功能很强[1]。米歇尔的理论似乎更适合传播媒介研究。随着网络的日常化，带有图片、视频共享功能的网址或社交网址（如微信）越来越普及，受众的身份不断在观者与生产者之间转换，共同成为信息的创造者和传播者，社交从线下走到线上，非接触型社交更为普及。符号超越能指与所指的范围，而随着更多的人际传播因素，如观者与生产者，深度参与到传播过程中。

（二）符号的美学功能

美国实用主义哲学家和符号学家皮尔士（Peirce）在索旭尔的理论基础上提出符号学三分法，即表示项（事物的符号形式）、对象（被符号指涉的对象或事物）与解释项（对符号的解释或符号的意义）[2]。换言之，符号是代表性、指涉性与解释性的"三位一体"。皮尔士的理论试图从实用主义哲学角度解释客观世界的各种符号现象，探索符号意义的普遍生成过程。俄罗斯语言学家和符号学家雅可布逊（Jacobson）则从形式主义和结构主义的角度提出符号的美学功能[3]。雅可布逊从诗学研究中观察到构成艺术作品的能指之间通过物性层面形成相似关系，而这种相似关系又通过意指过程发挥作用从而影响人们的审美定势，这种物性层面的相似性所引发的意指关系，即平行结构，成为艺术作品中美感的来源，而"平行是以对等原则为运作机制的"。雅可布逊进而提出平行关系中符号的"内向符指过程"，即符号指向符号本身。这种自指性，体现在艺术作品中就是具有相似性的审美符号指向信息本身。如果以雅可布逊的成规相似性原则来理解艺术性传播，会发现符号的设计与创造过程产生了两大价值：文化价值与商业价值。

审美符号的自指性能够吸引受众的目光落到符号上。当传者或设计师按照一定的审美原则进

---

[1] W.J.T. 米歇尔. 图像理论[M]. 陈永国，胡文征，译. 北京：北京大学出版社，2006：3.
[2] 袁湫娟. 现代西方著名哲学家评传[M]. 成都：四川人民出版社，1988：485.
[3] 赵晓彬，韩巍. 雅可布逊的美学符号学思想初探[J]. 外语与外语教学，2011（3）：86-87.

行创作的时候，其产品或作品被按照某种文化指征而设计和创作出来。在这一过程中，将某一文化中特有的经过时间、智慧和工艺等积淀而成的无形价值以相似性原则置于所欲表达的对象（事物、理念或符号）中，并通过艺术符号形式表现出来，形成受众所能理解或关注的产品或作品。这一过程不仅承载了文化传播的价值，如果在商业性传播中，其所形成的视觉引导和视觉说服，还能促成受众最终的购买行为。时尚传播中的符号既包括文本，也包括艺术形式。比如以毕加索为代表的立体画派，用圆柱体、球体和圆锥体作为重要元素进行艺术表达，他们在画中努力削减画作的描述性和表现性，而构建起一种几何化倾向的画面结构，体现画面的结构美。另外，依据同时性视像的绘画原则，将物体多个角度的不同视像结合在画中的同一形象之上，以此来表达对象物最为完整的形象。立体主义的艺术家追求碎裂、解析、重新组合的形式，表现的人物或自然事物似是而非，具有一定的抽象性和隐喻性。不妨将画面上的每个元素理解为与要表达的事物具有相似性的符号，而画家则以一种超越同代、具有较高抽象性的、超现实的表现方式，展现出前人未曾尝试过的相似性符号的创意性艺术表达。这也是为什么观者和市场会给予毕加索画作以热情和超高经济价值的回报，因为其画作所体现出的无形资产——创意性价值，其所展现的相似性符号具有颠覆性、审美性和内涵性。

时尚传播者或艺术设计者在创造具有相似特征的符号表征时，投入了无形的智力因素。在这一过程中，将个人的创意和艺术审美通过具有相似性的类比物置于传播环节中，成为传播内容，这些智力投入和创意形成了无形价值。具有相似性的符号表征越具有审美性，就越具有视觉说服能力，其文化影响力也越大。而在狭义的时尚传播，即品牌传播中，其创造商业价值、实现商业目标的可能性也更大。传播的价值是在创造与所表现对象具有相似性符号的过程中产生的。

三、时尚文化的符号消费

（一）品牌——浓缩时尚精华

布迪厄（Bourdieu）曾谈道：“在时尚中，我们所看到的一切都只不过是‘能指的简单游戏’以及作为其结果的‘每种指涉系统的丧失’，时尚不仅不指涉任何真实的事物，也并不导向任何地方。时尚不生产任何东西，而只是生产出符码。在一定意义上时尚就是商品的最终阶段。”[1]在商品的世界中，时尚以商品的面目出现，在符号的世界里，时尚又以符号的面目出现，而品牌作为商品价值和商品意义的象征符号，与时尚之间有着千丝万缕的联系。品牌通过对商品象征意义的操弄，使自己成为一种时尚符号，而消费该种品牌则成了一种时尚的象征，消费者通过对品牌的占有，寻求一种身份的认同。品牌的观念源自识别标志的创建和使用，而

---

[1] 艾尔·巴比.社会研究方法[M]. 10版.邱泽，译.北京：华夏出版社，2000.

组成这一识别标志的文字和图案，只是为了方便消费者辨别不同厂商产品的记号。然而，今天的品牌已不只是一个企业识别的标志或仅代表它所生产的产品，其所代表的是一种无形的东西，是一种氛围，一种环绕着产品却又看不见的隐含意义。品牌反映在一个人对于产品和生产厂商的直觉感受，并且直接通达人们的内心，再通过人们的重新诠释和认识被个人化，而这种感性认知使得每个人在心中创造出专属于自己的品牌版本。

为某样东西冠上品牌，是为了让它变得更有价值，因此冠上品牌使产品价值增加一直是品牌创造的重点。美国体验经济学家大卫·W.诺顿博士表示，自20世纪80年代至今，消费者的需求已经发生了巨大而有趣的改变。在80年代，消费者的消费行为集中在商品本身，进入90年代后，消费品开始超越商品本身，转而追求有价值的品牌体验。也就是说，品牌消费除了产品的购买和价值的交换外，还包括对品牌形象的消费，品牌的象征意义更大程度上左右了消费行为。商品通过注入品牌历史、品牌精神、品牌个性，使品牌化身为一个浓缩时尚精华的象征符号，通过近距离地接触消费者，将品牌背后的一连串价值与意义和消费者联结，消费者也通过购买与使用的实际行动来实践这一品牌的象征意义，从而与品牌所苦心营造的“时尚”缩短距离。因此，当消费者在拥有和使用品牌时，会在心中产生一个图像，并且为自己与品牌构建一个关乎时尚的意义系统，再到系统里去感受自我并认同自我、诠释自我。

实际上，所谓品牌就是一套符号系统，它由能指和所指两部分构成，其中，名称（标识）、包装（造型）、功能、形象代言人是符号，也是能指，品牌意义则是所指。品牌符号中产品能指和价值所指是一种武断、任意的关系，产品能指在未经包装前与价值所指是毫不相干的。但是现代商业集团出于追逐利润的需要，总是不断给产品能指嫁接意义，刺激消费者的购买欲望。广告正是这样一个被精心炮制出来的中介物质，它以一种意义制造深度满足着人们的符号消费心理，并最终成为人们心理欲望的投射与反映。品牌魔力的秘密就在于对人类欲望的呼唤和某种心理的满足。选择品牌是希望得到品质保证，更重要的是为了表现自己、追求时尚。因为品牌商品本身具有社会象征性，是某种社会地位、生活方式、生活品位和社会认同的符号。

（二）偶像效应——时尚意义转移

偶像崇拜是个古老的心理学命题，指个人对幻想中喜好人物的社会认同与情感依恋。在众多的追星族心里，自己的偶像不但是个绝对英雄，而且也是自己情感的一种依靠。早在文化工业的研究中，阿多诺（Adorno）就注意到，创造偶像崇拜是文化工业的一个重要策略。这些偶像以看似独特的个性和英雄气质博得公众青睐。继阿多诺之后，洛文塔尔（Lowenthal）提出了“消费偶像”的概念，他在对美国战后的通俗杂志所作的考察中发现，传记作品越来越热衷于一种新的人物类型，他们与战前传记文化集中表现的“生产偶像”式人物截然不同，属于“消费偶像”。在他看来，“生产偶像”是“给予型”的人物，从思想家、科学家到政治家、企业家，他们通过自己的劳作为社会创造新的价值和观念；“消费偶像”则是活动于体育界、娱乐界的各种角色，从体育明星到电影明星、流行歌星等，他们是“索取型”角色，因为他们并没有为社会提供新思想和新观念，而是向人们展示其特有的消费行为和生活方式。洛文塔尔强调，在新的社会语境下，“消费偶像”本身已成为一种消费品，他们以自己的生活向世人证明消费的可能性，因此这类作品不再激励读者去创造、发现和奋斗，而是向读者提供了羡慕、好奇和满足，为大众提供了更多的梦想和寄托[1]。

无论偶像消费是出于浪漫幻想还是满足虚荣心，其共同点都是实现情感的虚拟性满足。偶像作为符号，使其追逐者在想象中确证自己。追星族也正是在这种对自己青春偶像的幻觉里完成一次次情感虚拟体验，而这一情感体验的过程就是符号消费的过程。偶像符号以符号能指层面独一无二的魅力形象和强大的情感沟通力引起人们的快感和愉悦，使人们在情感上受到感染。同时，人们的理性则暂时退场，听任偶像符号在能指层面所具有的美学功能对情感的“软化”和理性的“催眠”。在日常生活中，偶像明星们被塑造成时尚范本、流行指标；在广告中，他们富有诱惑力地演绎着商品，甚至无须卖力吆喝，便足以在潜移默化中将自身的时尚形象转嫁到商品身上，使消费者感受到使用该种商品是一种趋势、是一种时尚。女性化妆品广告对偶像符号的运用尤其淋漓尽致。玉兰油就擅长以知名女星作为旗下产品的形象代言人。

（三）图像诱惑——时尚的助推器

“这个社会消费影像要比消费物品更贪婪。”马尔库塞（Marcuse）如是说。的确，这是一个图像泛滥的时代，在电视和报刊上，在大街小巷中，我们无时无刻不被各种各样五彩斑斓的图像所包围，经过电脑处理后闪着诱人光芒的商品、俊男美女迷人的身姿和暧昧的眼神，众多刺激感官的影像叠加在一起，打造出一个亦幻亦真、时尚艳丽的新世界，向消费者敞开充满诱惑的臂膀。而这，正是广告的工作。广告策划通过对广告符号的操作，将形形色色的象征意义加诸产品身上，从而促使越来越多的消费者借助于消费获得这些象征意义，这在一定程度上促进了某种消费时尚的迅速传播。

现代广告的特征是影像的传播模式跃居主宰地位。确实，为了获得更好的传播效果，越来越多的广告试图用图像来包装产品，将其以美轮美奂的外表呈现在越来越挑剔的消费者面前。而图像的视觉吸引力越强，它所传达的意义便越复杂和虚幻。广告通过图像的精彩演绎，创造出比现实更美好诱人的幻象，此时，人们所关注的更多是图像的符号和象征意义，而非产品本身的使用价值，对消费者而言，购买产品的使用价值已不是消费的主要目的，重要的是产品被图像符号化后所象征的意义。

---

[1] 周晓虹．社会时尚的理论探讨[J]．浙江学刊，1995（3）：62-65．

第三节　时尚营销的生活主题

时尚，早已不再局限于展示在橱窗里的衣饰裙带、珠光鬓影里，它从不同维度融入生活之中，为平淡的生活带来兴奋的闪光点。时尚营销的发展，对人们的生活方式、生活质量，甚至是幸福指数都产生了重要的影响。

一、时尚营销引领新的生活方式

生活方式是指人们为生存、发展和享受所进行的一切活动，包括工作、学习、运动、休息和生活环境等，它既包括人们的衣、食、住、行、工作、娱乐、社会交往、待人接物等物质生活，又包括精神生活的价值观、道德观和审美观。20世纪80年代以来，人们更加强调生活方式的重要性，于是越来越频繁地使用生活方式这个词，把它置于与世界观和价值观同等的位置，生活方式对人们的消费以及社会的时尚产生巨大的影响。

在当代社会，一成不变的生活方式，有时难免给人带来枯燥感。而总是不停地改变自己的生活方式，除了惊喜外，是否会觉得有些累？就像电影《阿甘正传》里的主角说的那样："生活就像一盒巧克力，你永远不知道下一颗是哪种滋味。"这就是人们不停地改变生活方式的原因。大众流行文化是跟随时尚潮流同步进行的，所产生的文化产品也呈现出流行而短暂、新颖而不守旧和享受视觉、听觉、嗅觉、味觉的全方位感受的特征。时尚营销向大众所介绍的那些丰富多彩和愉悦精神的体验产品，融娱乐体验文化、休闲体验文化和时尚体验文化于一体，通过互动体验和快乐消费，正在引领一种新的生活方式——生活艺术化，工作娱乐化。

（一）生活艺术化

就是在生活中更好地体验艺术和文化。文化消费已经成为当前主要的消费品类之一。有数据显示，高收入者用于文化、娱乐等休闲方面的消费支出在逐年增高。例如，时尚体育这个新兴的行业，体育被注入文化元素后，内涵与外延发生了变化，再经由各种营销方式的推广，由过去的只为强身健体进行体育锻炼的固有思想，发展成为愉悦人们身心需求、提升修心养性体验的一种生活方式。

（二）工作娱乐化

就是把生活的元素融入工作之中，使工作成为一种新的生活。迈克尔·沃尔（Michael J.Wolf）在《娱乐经济》一书中认为：人类即将进入娱乐经济时代，"娱乐因素"将成为产品与服务竞争的关键，消费者不管购买什么都在其中寻求"娱乐"成分。如著名的谷歌（Google）公司，员工的办公室犹如玩具店的设计，充满了家居的氛围，公司甚至允许员工在工作时间打篮球、逗宠物，这在传统企业是不可想象的。

将工作、生活和艺术合为一体，在工作中寻求和体验生活的乐趣，在艺术中体验生活和工作的价值，从辛勤工作到快乐生活已经成为大众生活的一种价值取向，生活艺术化，工作娱乐化，同时在娱乐中享受工作已经成为一种新兴的生活方式。

二、时尚营销提高人们的生活质量

时尚营销有助于提高人们的生活质量，促使人们从对物质生活的追求转向对精神生活的追求。按照罗斯托的经济发展阶段理论，区域经济发展的最高阶段就是以追求生活质量为最终目标[1]。时尚营销的发展不仅可以促进经济、创造就业，它还能进一步推动生活与创业高度融合，是一种生活与创业完美结合的创业模式，也成为推动社会道德进步、增加社会财富、改善人们生活质量的助推器。

时尚营销所涉及的产品或服务，大都包含文化元素，有利于满足人们多样化、高层次的精神文化需求，有利于提高人们的文化生活品质，这些被设计出来的文化产品必须是有价值的，具有高品质、高质量且能够满足人们生活需要的产品。消费者在对产品进行评判时，不仅是以产品的外观为依据，更加注重以产品的质量、方便程度或者是够不够坚固耐磨等因素来判定一个产品的价值。只有设计的产品符合消费者的要求，营销才能在这个基础上事半功倍。这些具有文化元素的产品对于提升其他行业的制造层次和水平，提高人们的经济生活品质都具有巨大的现实意义。

时尚营销可以从经济、文化、环境和社会等多个方面提高人们的生活质量。例如，宜家的创意设计在文化生活方面正在成为改变人们生活质量的评价标准，慢慢地，Do You IKEA成了今天的风尚，“吃哈根达斯，喝星巴克，用宜家家具”正渐渐成为年轻人的一种时尚符号。当品牌成为一种时尚，成为一种消费群体的消费文化符号，其影响力是巨大的，宜家就是用这种消费文化影响着新一代年轻人的生活趋势。宜家的经营理念是“提供种类繁多、美观实用、老百姓买得起的家居用品”，这就要求宜家在追求产品美观实用的基础上还要保持低价格，而这也是宜家一直强调的低价格策略。宜家的这些理念和策略成就了这个品牌的辉煌，其不仅控制了全球最大的家居产品渠道，还成功地使宜家品牌以及专利产品覆盖全球，让年轻人为了自己理想的生活而消费。而这就是选择宜家的主要原因，宜家不仅改变了现代人的家居生活理念，更使我们的生活质量得以提高。

三、时尚营销提高人们的幸福指数

在很长的一段时间内，GDP成为衡量一个国家或地区经济发展综合水平的通用指标。

---

[1] 罗斯托. 经济增长的阶段[M]. 郭熙保，王松茂，译.北京：中国社会科学出版社，2001.

GDP即Gross Domestic Product，也就是国内生产总值，是一定时期内，一个国家或地区的经济中所生产出的全部最终产品和提供的劳务市场价值的总值。

随着全球经济的快速发展，在发达国家的发展中，人们的发展理念已经发生了新的转变，强调幸福和快乐成为经济发展追求的新目标，GNH也就逐渐成为一个国家或地区衡量人们幸福快乐的新指标。GNH即Gross National Happiness，也就是幸福指数，即国民幸福总值，也被称作国民幸福指数，其概念起源于20世纪70年代初不丹国王提出并付诸实践的，之后被许多国家沿用至今。20多年来，在人均GDP较低的南亚小国不丹，国民总体生活得较幸福，这种不强调GDP只注重GNH的“不丹模式”引起了世界的关注。

幸福感是一种心理体验，它既是对生活的客观条件和所处状态的一种事实判断，又是对于生活的主观意愿和满足程度的一种价值判断，表现为在生活满意度基础上产生的一种积极的心理体验。幸福指数，就是衡量这种感受具体程度的主观指标数值，衡量的是一个国家国民的生活水平，但是不能光看物质生产的发展程度，更要看国民对生活的满意度和他们的快乐程度。GDP能够衡量国家的富裕程度，却不能反映经济增长的质量，不能反映经济成长的社会成本，也不能从根源衡量社会福利水平和人们的幸福程度。而GNH可以准确地衡量百姓的幸福感，可以真实地体现人们的生活状况，反映社会的发展和人民心情的状况。由此可见，即使是经济持续快速增长也并不能保证国民幸福的持续增加，幸福与财富并不总是成正比的，也许会是反比的关系。所以，人们在连衣食住行这样的基本需求都满足不了的情况下是不会感到幸福的。但是在基本需求被满足之后，收入带动幸福的效应就不是很明显了，甚至有递减的态势。

时尚营销作为时尚产业重要的组成部分，在创造财富、增加就业的同时，最根本的贡献在于为整个社会带来一种“新”的气息，使人们感受到“时尚”，参与到“时尚”中去，并且为消费者创造属于他们的独特价值。时尚营销在发展经济的同时，提高了社会福利水平和人民的幸福程度，改变了经济的增长方式，也推动着社会的协调发展。

第六章 时尚营销的经济学解释

经济社会的发展促使市场环境不断变化，时尚市场中消费者的时尚需求也在不断变化，以此为指引的企业时尚营销策略也在不断调整。因此，从经济学角度看，时尚营销要遵循市场导向原则，以消费者需求为中心，把握消费者的时尚需求趋势，合理有效配置时尚资源。

时尚产品的生产者与消费者之间由于知识背景和理解能力上存在较大差异，存在较大的信息不对称。时尚营销恰能很好地解决两者之间的信息不对称问题，帮助建立时尚产品与消费者之间的信任关系。同时，时尚营销具有正向外部性，能够给社会进步带来积极向外部效应。此外，时尚产品所具有的时代性特点也决定了时尚营销的生命周期等特征。

时尚消费是一种建立在因价值递减而不断产生需求的市场机制之上的经济行为，时尚营销正是促成这种市场机制的重要因素。从经济学的角度看，时尚营销是针对消费意愿及行为的，实现价值体现、转化和创造的经济活动（市场行为），它依据经济指标为消费者（消费市场）“量身定制”恰当的产品、服务和对应的概念，通过传播增加和拓展消费需求，以此来实现效益的最大化。

本章以时尚的产生与发展原理为主线，结合经济学的相关理论，首先从时尚产品的信息不对称问题与价值递减规律两方面分析时尚产品的经济价值，再从供求关系的角度分析时尚营销的市场机制，最后从时尚的相对稀缺性和时尚需求快速变化的视角探讨时尚营销的价值创造循环机制。

第一节　时尚产品的价值决定

一、时尚产品的经济属性

现代经济学家保罗·萨缪尔森（Paul A. Samuelson）在其著作《公共支出的纯理论》中将公共产品定义为：新增任意消费对其使用，并不影响其他消费者对其的消费[1]。公共产品作为私人产品的对称，是指面向全体社会成员提供的且在消费和使用上具有非竞争性和非排他性两种属性的产品。非竞争性是指，在多增加一人对它的分享时，并不影响其他人对它的使用，即增加消费者的数量并不会增加边际成本。而非排他性意味着任一消费者在消费具备该性质的产品时，并不能排除其他人对它的同步享用，即无法将未支出相应费用就享用它的消费者排除在外，即使可以将其他消费者排除在使用之外，也会由于排除的成本较高而无法操作。正是这两个特点，要求公共产品必须满足以下两个条件：一是生产必须有公共支出予以保证，二是经营管理必须由非营利组织承担。与公共产品相对应的便是私人产品，是指能够利用市场机制来提供的产品或服务的总称，其以可分割性、竞争性和排他性为特征。所谓的可分割性是指私人产品可以分割为许多能够买卖的单位，而且效用只能给为其付款的人提供；竞争性是指一种状态，即如果某个人消费了某种产品，其他人就不能再消费该产品；排他性是指排除那些没有付费的人消费该产品的可能。

所谓时尚是指大众对某种物品或服务的追随与模仿，它或是能给时尚参与者带来情感上的愉悦，或是能够给他们带来某种行动上的方便，同时给那些不参与者带来压力。换句话说，参与时尚可以给参与者带来一种满足感，而对时尚的消费也可以给他们带来一定的效用。因此，为了获得这种效用，消费者会根据自身的经济条件，以支付货币的形式进行时尚消费，购买时尚产品。在生活中，人们通常也称时尚产品为流行产品，根据已有研究，目前对时尚产品概念的界定有两种不同的角度：时尚消费的角度和行业角度。前者认为，从狭义上说，时尚产品仅是指那些装饰和美化人体的产品[2]；从广义上说，时尚产品不仅是指装饰和美化人们工作和生活环境的产品，还包括装饰和美化人们生存和发展中相关事务和情状的产品。后者的观点主要与《中国时尚产业蓝皮书2008》中对时尚产品的概念界定相一致，认为时尚产品包括时尚产品制造和时尚服务两部分。时尚产品制造具体是指时尚休闲服装鞋帽、皮草皮具、饰品、名

---

❶ Paul A. Samuelson. The Pure Theory of Public Expenditure [J]. The Review of Economic and Statistics, 1954, 36 (4): 387-389.

❷ 蒙笑. 美、日电子商务中消费者权益保护制度对我国的借鉴[J]. 河南科技大学学报（社会科学版），2009, (4): 99.

表、珠宝、香水、化妆品、美食和消费类电子等产品的制造；时尚服务是指美容美发、健身游泳、流行音乐、影视摄影、动画漫画、时尚书刊、餐馆酒吧等服务。从时尚的定义来看，首先，对时尚产品的消费具有分割性，只有以支付货币的形式购买时尚的载体——时尚产品，消费者才能获得时尚带来的效用。其次，对时尚产品的消费具有竞争性，如某件时尚服装，只能卖给一位消费者，而其他消费者购买的只是同款式的另一件服装。最后，时尚产品具有排他性，排除了那些没有相应支付能力的消费者消费该产品的可能，如路易・威登包，对于没有购买能力的消费者而言，他没法购买、拥有该产品，自然也不能享有其带来的效用。基于此，本书认为时尚产品属于私人产品范畴，具有私人产品的性质。

时尚产品往往具有色彩明快、造型独特、功能使用性强等特点，这些特点决定了时尚产品不同于普通产品❶，具体体现在以下几个方面。

（一）市场对产品需求的不确定性程度较高

目前，在消费者需求越来越个性化的同时，各种品牌的竞争也越来越激烈。影响消费者对时尚产品认知的因素越来越多，导致的结果就是消费者对时尚产品认知的变化速度越来越快，表现出较大的不确定性。

（二）时尚产品的生命周期较短

正是由于消费者对时尚产品的需求呈现出较大的不确定性，商家不得不持续改进产品，以推出新产品迎合消费者的需求。在这种情况下，时尚产品的生命周期相对于普通产品更短。

（三）现为无形变质

普通产品通常是物理或品质上出现变化，如腐烂、挥发等有形变质，其产品价值的降低是由于产品本身变化导致的。然而，时尚产品的变质多指无形变质，如过时，产品价值的降低是由于市场变化导致的。具体来说，是时尚潮流的变迁使得产品在审美、流行度等方面不再符合当下的需求，从而导致其价值下降。

（四）订购提前期较长

企业为了在激烈的市场竞争中获得成本优势，往往会提前进行采购活动，订购提前期较长。

（五）期末残值低

时尚产品生命周期较短，一旦售出，产品的价值也迅速降低。

综上所述，由于时尚产品本身所具有的市场需求波动大、生命周期短、生产提前期长、期末残值低等特点，对时尚产品的营销要求更高，需要以最快的速度在最大程度上降低消费者和厂商之间的信息不对称，帮助厂商迅速获得消费者的信任。

时尚产品的重要特征在于其新奇性，即一件具有时尚的产品必是稀缺的或者罕见的，因此，

---

❶ 王清漪．考虑顾客行为的时尚产品动态定价和库存决策[D]．成都：西南交通大学，2019.

时尚产品的价格往往也比较高。对于消费者而言，时尚产品的昂贵性体现在消费者对产品的新奇感中，不会持续很长时间，即购买之后在很短的时间内，消费者对该产品的稀缺性评价大大降低。对于生产者而言，时尚产品的昂贵性体现在从一种产品转换到另一种产品的成本过于高昂，厂商需要重新寻找能够让消费者觉得新奇的产品，否则将不能引起消费者的兴趣。因此，基于市场产品的成本和稀缺性两者之间的关系，时尚产品的需求在短期内呈现缺乏弹性的特点。

二、时尚消费的价值递减规律

在其他条件不变的情况下，某件商品的需求量与其价格是呈反方向变动的，也就是说，该商品的需求曲线是向下方倾斜的，这是微观经济学最基本的定理。而需求曲线之所以向右下方倾斜最根本的原因在于商品的边际效用是递减的，具体而言，随着消费者购买该商品的数量增加，该商品对消费者的边际效用变小，消费者对该商品的需求价格就越低。消费者行为理论中有一个重要的假设——消费者追求的是效用的最大化（或最大的满足）。消费者在购买商品时所感受到的满足程度就是该商品对消费者的效用，简单来说，即某商品能够满足人欲望的能力。由此可见，效用本质上是消费者的一种主观感受，如果消费者在消费某种商品时所感受到的满意（满足）程度越高，就代表该商品对消费者的效用越大；如果消费者在消费某种商品时所感受到的满意（满足）程度越低，就代表该商品对消费者的效用越小；甚至如果消费者在购买某种商品时并没有感受到任何满足，反而感受到了痛苦，则代表该商品对消费者的效用为负。商品的边际效用是指在一定时间内，消费者每增加一单位的商品，该商品给消费者带来的效用增量。而边际效用递减规律是指在一定条件下，随着消费者对某种商品购买量的增加，其从该商品中所获得的边际效用是递减的。对于时尚产品而言也是如此，在消费者购买时尚产品时，其对消费者的边际效用是递减的。

例如，消费者购买一件服装，当她没有该品牌该款式的衣服时，她愿意花1000元购买这件衣服，这说明该消费者对这件衣服做出了值1000元的主观评价，也就是说这件衣服给该消费者带来了1000元的效用。当该消费者拥有了这件衣服之后，她可能只愿意花500元再买第二件，因为她已经拥有了一件一模一样的衣服，这就反映了消费者行为理论中的边际效用递减规律。因此，可以发现，各个服装品牌都会定期推出不同款式的衣服，这样对消费者而言，不同款式的衣服就是不同的产品，就不会引起边际效用递减问题。对于这种现象产生的原因，可能有以下两点。

（一）从人的生理和心理的角度进行解释

随着对同一时尚产品消费量的增加，从每一件商品中所感受到的满足程度和对重复刺激的反应程度是递减的[1]。虽然从整体上看，人类的欲望无穷无尽、多种多样，然而由于生理和心

---

[1] 高鸿业. 西方经济学（微观部分）[M]. 4版. 北京：中国人民大学出版社，2007.

理等因素的限制，对于每个个体而言，欲望却是有限的。人在最初阶段欲望最大，此时增加一件某商品的消费所获得的满足程度也最高，随着消费数量的增加，人的欲望也随之减小，从而主观感觉上的满足程度也随之降低，甚至当欲望消失时仍增加消费量的话，很可能会引起消费者的厌恶情绪，这便是所谓的“负效用”。比如一道美食，人们往往在吃第一口的时候觉得特别香，由于该美食对口腔味蕾的刺激最强，接下来持续进食，会对味蕾不断地产生刺激，超过一定的量，味蕾的感受性就会降低，越到后来就越难以感受到美食的香味了，心理学家将这种现象称为“适应”，超过一定的限度就会导致人的感官灵敏度提升或者降低的现象，此时意味着该美食对人的效用已为零。

（二）从时尚产品的多用途的角度进行解释

时尚产品往往并不只有一种用途，而是同时具有多种用途，其所拥有的各个用途对消费者而言重要性也不一样，消费者总是将第一单位的产品用在最重要的用途上，第二单位的产品用在次要用途上，以此排序。这也意味着，时尚产品的边际效用会随着该产品用途的重要性的递减而递减，即当消费者将第一件时尚产品用于最重要的用途时，该产品的边际效用最高；将第二件时尚产品用于次要用途时，该产品的边际效用降低。按照此种顺序排下去，时尚产品对消费者而言越来越不重要，效用越来越小，价值也越来越低。

三、时尚产品的经济价值

经济价值是对一种商品或服务给个人或公司带来的利益衡量，也可以表述为某人愿意为一件商品或服务支付的最高价格或金额。时尚产品的经济价值是指消费者愿意为该时尚产品支付的最高价格或金额。从消费者的角度看，时尚产品对其而言具有功能价值和观念价值：某种时尚产品能够满足消费者的基本需要，从而使消费者愿意为该产品的物理属性支付的价格，便是该时尚产品的功能价值，功能价值是时尚产品的物质基础。而某时尚产品中所包含的能与一些社会群体的精神追求或文化崇尚产生“共鸣”的无形附加物，则是该时尚产品的观念价值[1]。例如，两家同样生产皮包的企业，用同样的皮料制作同样款式的包，一家贴上LV的品牌，另一家是一个普通的品牌，消费者愿意为贴有LV品牌的皮包支付的价格可能比另一家普通品牌要高几十倍。究其原因，就在于观念价值，在消费者看来，时尚产品具有较高的观念价值。时尚产品主要通过新的创意提高产品的观念价值，从而占领市场并获得利润。因此，时尚产品的生产商往往将大量的故事内容、符号与象征元素（如品牌等）运用在产品的生产与消费过程中，让产品具有特别的文化意义，从而大大提高产品的观念价值。

[1] 赵君丽. 时尚产业的经济学分析[J]. 云南社会科学，2011（3）：33-36.

第二节　时尚营销的市场机制

一、时尚产品的需求分析

（一）时尚的需求曲线

从内容而言，每个阶段中时尚所包含的内容不尽相同，也就是说，时尚就其本身而言具有阶段性，因此，即使对于同一种产品而言，若其包含的时尚内容不同，消费者对其的需求也会不同。比如服装，众所周知，服装具有典型的季节性特征，在每年的春夏和秋冬时期，各个品牌都会推出适应当季的服装款式，而上一季的流行服装就会被淘汰，取而代之的是新的时尚款式。基于此，对于某个时期的时尚而言，会有一条对应当期需求的曲线，我们称之为时尚产品的需求曲线。时尚产品的季节性和周期性特点决定了时尚产品变化快，在一个较长时期内有多种不同时尚产品，表现为多个曲线（图6-1）。从短期来看，某一时尚产品在某一时期的需求曲线（如D_{2-1}）会比同时期非时尚产品总的需求曲线（如D_1）更加偏左。这表明，在同一时期、同样的价格水平下，与非时尚产品相比，消费者对时尚产品的需求量更小。其原因在于，并不是每位消费者都会紧紧追寻时尚，愿意花更高的价格去购买时尚新款。从长期来看，由于每个阶段都会出现新的时尚，消费者会对新出现的时尚产品产生新的需求，每个新的时尚产品对应一条新的需求曲线。因此，长期内时尚产品需求曲线等于该时期内各个阶段的时尚产品需求曲线的累加，而这条时尚产品总的需求曲线（D_2）会比非时尚产品总的需求曲线（D_1）偏右。以服装为例，在某个时期推出新款式的女装之后，消费者前一时期购买的女装虽然在物理功能上没有改变，但是由于新的款式的出现，导致前一时期推出来的时尚女装相对于此时期而言不再时尚，需求减少，进而被市场所淘汰。因此，在图上表现为，长期内时尚产品需求曲线比非时尚产品需求曲线要靠右，也就是说，在较长的时期内，相同的价格水平下，消费者对时尚产品的需求量要高于非时尚产品的需求量。

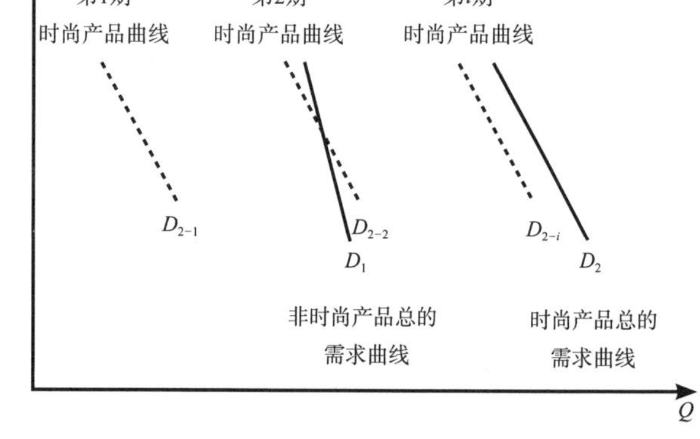

图6-1　时尚产品的需求曲线

在图6-1中，D_{2-1}表示的是第1期时尚产品的需求曲线，D_{2-2}表示的是第2期时尚产品的需求曲线，D_{2-i}表示的是第i期时尚产品的需求曲线。D_2表示的是在一个较长的时期内时尚产品的需求曲线，是各短期时尚产品需求曲线的累加，即$D_2=D_{2-1}+D_{2-2}+D_{2-3}+\cdots D_{2-i}$（$i$为整数且$i>1$）。$D_1$表示的是非时尚产品的需求曲线，该曲线有相对稳定的特点，长期需求曲线和短期需求曲线基本保持一致。

（二）时尚产品价格的影响因素

假设两个产品具有相同的物理属性，即在物理功能上是相同的，其中一个是新的时尚产品，另一个则是以前设计的产品，并不具有时尚性。面对这两种产品，消费者愿意为具有时尚的产品支付的价格远远高于不具有时尚的产品，其中的支付差价便是消费者愿意为时尚支付的价格。时尚的价格并不是一成不变的，因为随着时间的推移，以往具有时尚的产品其包含的时尚程度会越来越低（图6-2）。此外，差异度的大小也会对时尚价格产生重要的影响。

假设t表示时间（$0\leqslant t\leqslant t_n$），$t=0$表示某种时尚刚刚兴起的时候，$t=t_n$表示某种时尚处于最后一期，下一期该时尚就会被新的时尚所替代；$P_{时尚}$表示的是某个时尚产品的总价格，$P_{非时尚}$表示与某个时尚产品具有相同的物理功能却没有时尚因素的非时尚产品的价格，这一价格相当于时尚产品与其时尚因素无关的那部分的基础价格；$P_{时尚t_i}$（$0\leqslant i\leqslant n$）表示的是某时尚产品第t期与其时尚相关的价格。

则有

$$P_{时尚}=P_{非时尚}+P_{时尚t_i}$$

由上式可以知道，当$t=0$，即$\max P_{时尚t_i}=P_{时尚t_0}$时，时尚产品的价格达到最大值，此时：

$$\max P_{时尚}=P_{非时尚}+P_{时尚t_i}=P_{非时尚}+P_{时尚t_0}$$

当$t=t_n$，即$\min P_{时尚t_i}=P_{时尚t_n}=0$时，时尚产品的价格达到最小值，此时：

$$\min P_{时尚}=P_{非时尚}+P_{时尚t_i}=P_{非时尚}$$

从图6-2可以看出，消费者要想获得最新推出的时尚，就必须支付这个时尚产品从推出到其中包含的时尚因素消失的过程中最高的价格，且随着时间的推移，该时尚产品的价格会逐渐降低，直至接近于与该时尚产品具有相同物理功能却不包含时尚元素的同类产品的价格。这也是为什么一个新的时尚产品推出一段时间后，商家会对其进行打折以刺激消费者的购买欲，此时消费者可以以较低的价格购买正当时的时尚产品，参与时尚。

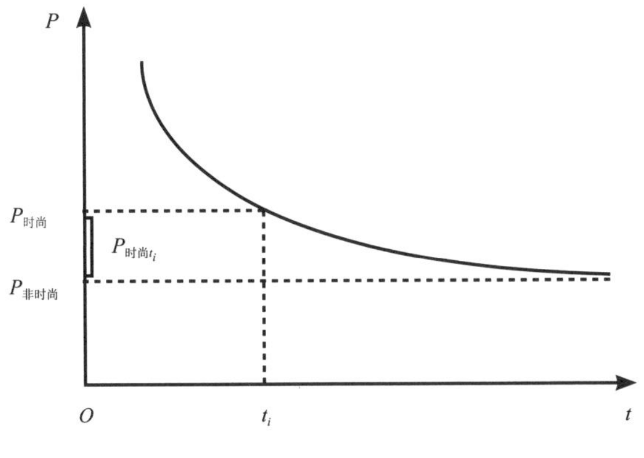

图6-2　时间对时尚产品价格的影响

除了时间会影响时尚产品的价格外，产品的差异度也是影响时尚产品价格的重要因素。时尚产品的差异度越高，价格就越高。一个时尚产品推出的时间越短、普及程度越低，消费者需要为该时尚产品支付的价格就越高。也就是说，最新的时尚产品会处于价格的最高点，此时愿意支付这笔价钱的消费者的数量比较少，但是此时购买该时尚产品的消费者可以获得引领时尚的满足感。随着生产和销售量的增加，时尚产品的价格会逐渐下降，产品差异度也会越来越低，愿意购买该时尚产品的消费者数量也越来越多，但是在公共场合“撞衫”的可能性也越来越高。当公共场合充满此类时尚产品的时候，产品差异度几乎降到最低点，此时该时尚产品的价格也降低到与不包含时尚元素的同功能产品同等的价格，这时意味着生产商该推出新的时尚产品了。

（三）时尚消费的收益

对于时尚产品和非时尚产品，即使两件产品的物理功能相同，消费者也要支付比非时尚产品更高的价格去获得时尚产品。消费者愿意支付这部分多余的价格的原因在于两点：一是消费者可以通过参与时尚，节省交易费用和选择成本；二是消费者可以通过时尚消费，获得效用。

人人都喜欢追求新鲜的事物，而如果每个人都靠自己去寻找，则会花费高昂的费用。比较合适的做法是，由一些专门的群体或机构去做这种搜寻新鲜事物的工作，再将搜寻到的结果有偿转让给他人。在现实生活中，生产时尚产品的公司研究和发布时尚的行为，可以帮助广大消费者第一时间了解时尚，满足自己对时尚的需求的同时也能节省相关交易费用。此外，时尚品牌的存在也可以帮助消费者节省选择成本。市场上的时尚产品种类繁多，如果消费者每次购买时都要对所有功能相似的产品进行比较、分析和选择的话，同样要付出巨大的成本，而时尚品牌的存在不仅能够帮助公司获得消费者的信任和依赖，更能帮助消费者节约选择成本[1]。

消费者可以通过购买时尚产品，获得效用。考虑到时尚因素，微观经济学中效用最大化公式可以表示为

$$\max U(x_{\text{其他}}，x_{\text{时尚}})$$

$$\text{s.t}\ P_{\text{其他}} \times x_{\text{其他}} + P_{\text{时尚}} \times x_{\text{时尚}} \leqslant m$$

式中，$x_{\text{其他}}$表示除了时尚产品以外的其他产品的消费数量；$x_{\text{时尚}}$表示时尚产品的消费数量；$P_{\text{其他}}$表示消费者消费除时尚产品外的其他产品的价格；$P_{\text{时尚}}$表示消费者消费时尚产品的价格；m表示消费者的预算线。则加入时尚因素后的消费者效用曲线可以用图6-3中的U_1和U_2来表示。

---

[1] 张弘，昝杨杨．自有品牌竞争力的经济学分析[J]．商业经济研究，2016（4）：47-49．

在图6-3中，假定消费者只消费两类产品，即时尚产品和除时尚产品外的其他产品。$x_{其他}$表示除时尚产品以外其他产品的消费数量，$x_{时尚}$表示时尚产品的消费数量，m为消费者的消费预算线，U_1表示对其他产品的需求量高于对时尚产品的需求量的消费者的效用曲线，U_2表示对时尚产品需求量高于对其他产品需求量的消费者的效用曲线。从图6-3中可以看出，时尚会引起消费者效用曲线的变化，选择消费更多时尚产品的消费者的效用曲线会更偏向右下方。效用曲线U_1和U_2与预算线m的切点代表消费者在既有预算水平下效用最大化的消费时尚产品和其他产品的组合。

时尚消费对消费者效用的影响，可以通过一条收入一定、时尚消费偏好一定的消费者效用曲线的变化进行考察，随着时尚因素的改变，这条曲线也会发生变化，这个过程可用图6-4来表示。

在图6-4中，纵轴表示除时尚产品之外的其他产品的消费数量，横轴表示时尚产品的消费数量；m_1表示在时尚因素影响下，消费者收入为m时的预算约束线；m_1'表示在时尚因素的影响下，消费者收入为m时，由于时尚带给消费者的效用导致效用曲线移动后与外移效用曲线相切、与m_1平行的预算约束线；m_2表示在没有时尚因素的影响下，消费者收入为m时的预算约束线；U_1表示在时尚因素影响下，消费者收入为m时的效用曲线；U_2表示在没有时尚因素影响下，消费者收入为m时的效用曲线；U_1'表示在时尚因素的影响下，消费者收入为m时，由于时尚带给消费者的效用而移动后的U_1效用曲线。

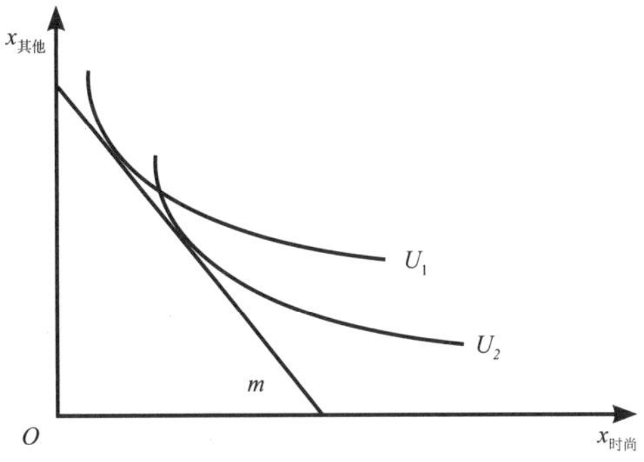

图6-3　加入时尚因素的消费者的效用曲线

受时尚因素的影响，当消费者收入为m，预算约束线为m_1，消费者的效用曲线为U_1，消费者消费x_f^1单位$x_{时尚}$产品和x_O^1单位$x_{其他}$产品时，消费者效用达到最大化。如果消费者收入m不变，排除时尚因素的影响，则没有时尚影响的$x_{时尚}$产品的价格会低于受时尚因素影响的$x_{时尚}$产品的价格。从另一个角度来说，消费者购买价格降低的产品，实质上相当于消费者的实际收入增加了。也就是说，当排除时尚因素的影响后，虽然消费者的货币收入水平保持不变，但其预算约束线却会向外移动到m_2，即消费者如果只购买不受时尚因素影响的$x_{时尚}$

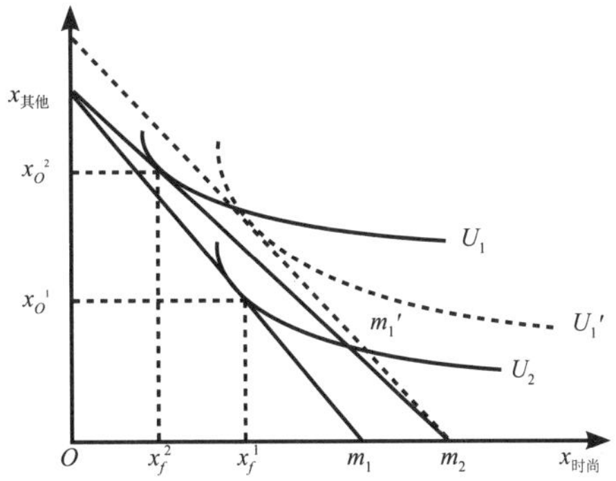

图6-4　时尚因素变动对效用曲线的影响

产品，那么他实际上可以购买的$x_{时尚}$产品数量会增加，此时，消费者的效用曲线则变成了U_2，$x_{时尚}$产品的消费数量为x_f^2，$x_{其他}$产品的消费数量为x_o^2。虽然消费者的预算约束线和效用曲线都向外发生了移动，但由前文分析可知，消除时尚因素影响后的$x_f^2 < x_f^1$。

根据新古典经济学理论，预算线向外转动，因而新的效用曲线U_2大于转动前的效用曲线U_1。也就是说，如果消费者选择购买不受时尚影响但具有同样功能的$x_{时尚}$产品，他们就可以获得更大的效用，这样才能实现消费者效用最大化。但现实情况往往是，消费者会选择包含时尚因素的U_1效用曲线，可以推断，消费者虽然在物质上获得的效用减少了，但时尚给消费者带来的效用至少可以弥补这一部分的效用损失，甚至可能会产生比损失更大的效用。由于这部分效用没法用物质效用来衡量，因而可以用图6-4中的虚线曲线U_1'来表示。U_1'表示的便是时尚因素给消费者带来情感效用的效用曲线，由于总效用增加，效用曲线向右上移动，效用曲线U_1'与同预算约束线m_1平行的虚线预算约束线m_1'相切。虚线预算约束线m_1'和虚线效用曲线U_1'的含义是，消费者从消费时尚产品中获得了情感效用，这种效用不仅可以弥补因消费$x_{其他}$产品减少而产生的物质效用损失，还能带来超出损失的物质效用的总效用增长，这种总效用增长所达到的水平相当于预算约束线为m_1'时，实现既定收入下效用最大化所获得的物质效用水平U_1'。

二、时尚产品的供给分析

对于生产者来说，时尚在某种程度上可以被称为“有计划的过时”，这个特性使得原本在物理上依然可以使用的物品因为不符合新的时尚潮流而被提前淘汰。时尚可以为生产者不断创造新的市场，使其不会因为某种产品达到市场饱和而无法继续销售自己的产品。最先推出引领时尚产品的生产者，由于信息不对称的存在，消费者无法第一时间对新推出的时尚产品有一个全面的了解，生产者便可以制定远远高于成本和平均利润的价格，获得较高的利润。而反应比较快的跟随者根据新的时尚，在加入自己对细节的改进后推出新的产品，也能够获得较高的利润。从这个角度而言，生产者生产并销售具有时尚因素的产品比生产并销售不具有时尚因素的产品的利润要高得多。

时尚产品的供给量和价格之间呈正向变动关系。图6-5中，S_1表示不包含时尚因素的产品在一个较长时间内的供给函数，S_2^i（i=1，2，3，···，n）表示包含时尚因素的产品在某一时尚下的供给函数；S_2表示包含时尚因素的产品在一个较长时期内的供给函数。与时尚的需求曲线一样，受时尚因素影响的供给曲线在每一个时尚流行期都会有一个单独的供给曲线S_2^i，与不包含时尚因素的供给曲线S_1相比更加偏左，且倾斜度更大一些。也就是说，在每一个价格水平下，曲线S_2^i上对应的产品供给数量会减少。

三、时尚产品的均衡分析

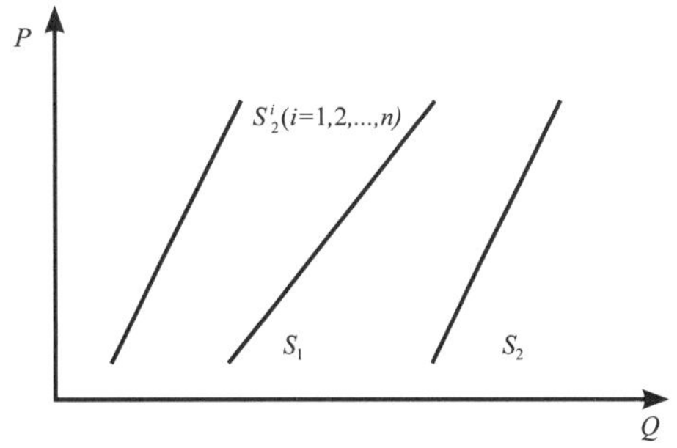

图 6-5　时尚产品的供给曲线

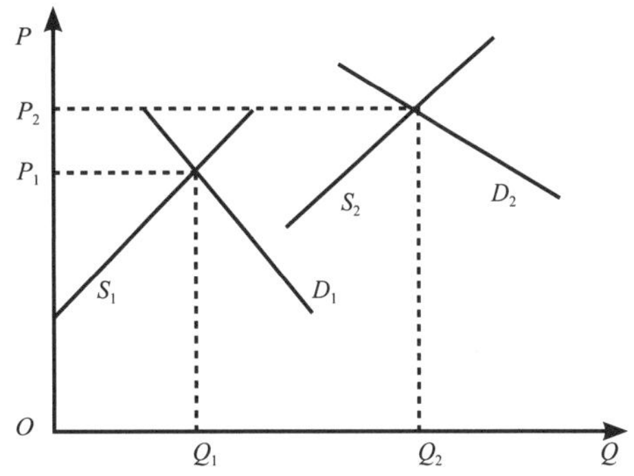

图 6-6　时尚产品的均衡分析

将图6-1和图6-5中的需求曲线、供给曲线结合在一起形成时尚产品供给和需求的综合关系图，即图6-6。在图6-6中，D_1表示不受时尚因素影响的某产品在一个较长时期内的需求函数，D_2表示受时尚因素影响的某产品在一个较长时期内的需求函数；S_1表示不受时尚因素影响的某产品在一个较长时期内的供给函数，S_2表示受时尚因素影响的某产品在一个较长时期内的供给函数；P_1表示不受时尚因素影响的某产品的市场均衡价格，P_2表示受时尚因素影响的某产品的市场均衡价格；Q_1表示不受时尚因素影响的某产品的市场均衡产量，Q_2表示受时尚因素影响的某产品的市场均衡产量。

在一个较长的时期内，受时尚因素影响的产品的总需求曲线D_2和总供给曲线S_2比不受时尚因素影响的产品的需求曲线D_1和供给曲线S_1偏右，因此新的均衡价格P_2和均衡产量Q_2都比P_1和Q_1高，这也意味着生产者可以通过生产包含时尚因素的产品获得更高的利润。而对于消费者而言，虽然他们花了更多的钱，但是通过时尚消费获得的效用至少与额外支出货币产生的效用相等甚至更多，这些效用虽不能用物质效用来衡量，但消费者获得的满足却可以用其愿意多支付的货币进行简单的度量。

四、时尚营销的经济价值

交易所处的市场是一个信息不对称的市场。市场的主体主要有消费者、企业、政府，从而形成三组博弈关系：企业和消费者、企业和企业、企业与政府。在时尚产品开发之前，博弈双方面对的信息环境是消费者更多地了解自身的消费需求（需求信息），生产者对这部分信息了解较少[1]。而随着时尚产品的开发、生产、销售，生产者和消费者之间信息不对称的情况发生变化，由于专业知识的局限，在时尚产品开发和生产过程中又被排斥在外，消费者对时尚产品

[1] 许应楠．企业品牌社群经济形成与增长过程中的信息不对称研究——基于信息经济学理论[J]．商业经济研究，2017（11）：95-97．

的了解较少，而生产者全程参与时尚产品的开发与生产，因而比消费者更加了解该时尚产品的质量、性能、技术特性、成本构成等特征。

时尚产品的生产者和消费者通过交易使各自的利益最大化，在理性的前提下，只有能使交易双方都得利的交易才会发生，也就是说，只有存在帕累托改进交易才会发生，或交易的达成都会导致帕累托改进，使社会福利增加。但是，由于信息不对称现象的存在，交易双方的行为会发生扭曲，使本可以令交易双方都得利的交易无法达成，或交易变成一方受损，一方得利。因此，必然需要某些行为来降低信息不对称对交易双方的影响，从而使交易能够顺利进行或利益能够合理地在交易双方间进行分配，这种行为就是时尚营销。因此，时尚营销的本质是降低市场上交易各方之间的信息不对称程度，降低交易成本，从而使交易各方都得利的交易顺利实现。

五、时尚营销的外部性

经济学中所谓的外部性，是指一个经济主体的活动对其他经济主体的影响，这种影响并不是在有关各方以价格为基础的交换中发生的，因此其影响是外在的。具体而言，个人收益或成本与社会收益或成本之间的差异，意味着有第三方或者更多方在没有他们许可的情况下获得或承担一些收益或成本，此即为外部性。在现实生活中，根据不同的特性可以将外部性划分为不同的种类，如根据外部性的影响，可以分为正的外部性和负的外部性。如果作为对其他消费者购买增加的反映，一位消费者对一种商品的需求量增加，就存在正的外部效应。正的外部效应，又可以称为攀比效应，实际上反映出一种对时尚的渴望；因为几乎所有的人都拥有它，所以自己也想拥有，追逐时尚。与正的外部效应相反，负的外部效应又称虚荣效应，指的是对拥有独占或稀罕的商品的渴望。拥有虚荣商品的人越少，它的需求量越高。

时尚营销具有正的外部性，可以吸引消费者对某时尚产品的兴趣，促进消费者购买。企业进行时尚营销是将自己所生产出来的时尚产品推广出去的关键环节，人人都有追求“新”的渴望，然而并不是人人有相对应的资源和能力去搜寻“新的时尚”，而时尚营销却可以以最短的时间向大众介绍新的时尚产品，不仅让大众以最快的速度知道新时尚产品的产生，还可以让大众了解该时尚产品的功能、特性以及使用方法等。甚至还可以通过网络等手段让大众知道这个时尚产品有很多别的消费者在使用，非常受欢迎，从而使消费者产生攀比心理，促进消费者购买，增加该产品的销售量，提高企业的利润。

第三节　时尚营销的价值创造原理

一、时尚产品的生命周期

人类的欲望是无穷无尽的，对资源的需求也是无止境的，时尚作为一种经济资源，具有相对稀缺性。首先，时尚资源的总量是有限的，不可能满足每个人的需求。其次，人的欲望是无限的，而有限的时尚资源无法满足人无限的欲望。因此，时尚资源具有相对稀缺性。

时尚总是被特定人群中的一部分所运用，他们中的大多数只是在接受它的路上。一种时尚被广泛接受，我们就不再把它叫作时尚了；一件最初只是少数人做的事变成多数人都去做的事，如某些款式的衣服开始只是少数人在消费但被大多数人所跟从，这件衣服就不再时尚了。因此，随着某种时尚的参与人越来越多，该时尚也将面临消亡，此时人们又会对新的时尚产生需求。时尚的发展壮大导致的是它自己的消亡，因而它的发展壮大抵消了它的独特性。正因为具有这样的特性，时尚往往表现为在短时间内迅速兴起、扩散，达到顶峰后又迅速衰退、消失，这就导致时尚产品的生命周期相对于其他产品而言较短。比如，很多时尚产品的平均上架时间仅为几个月，时尚服饰、鞋帽等新产品从上市到退出时尚往往只要一年甚至几个月的时间。时尚产品的短生命周期特征也意味着时尚产品的价值会随时间发生很快的变化，一方面是由于自身保质期短，另一方面是由于同质的竞争产品更新换代的速度较快，使时尚产品的生命周期大幅缩短，其一旦失去竞争力就会快速进入衰退期，造成产品的销售生命周期远小于产品本身的保存周期。

时尚产品的短生命周期过程为：刚上市很少有人接纳，此阶段称为独特阶段；接纳的人数随着时间慢慢增长，此阶段称为模仿阶段；随着接纳的人越来越多，最终被广泛接受，此阶段称为大量流行阶段；当该时尚产品被广泛接受后，其独特性也在慢慢消失，导致的结果是该时尚产品慢慢衰退，此阶段称为衰退阶段，此时消费者开始将注意力转向另一种更吸引他们的时尚。时尚产品的生命周期曲线显示了时尚产品的四个主要发展过程：导入期为时尚产品刚上市的时期，对应独特阶段；成长期为该时尚产品被越来越多的人接纳的时期，对应模仿阶段；成熟期中，该产品已经被大众广泛接受，对应大量流行阶段；衰退期则是该时尚产品逐渐被淘汰，消费者开始寻找另一种时尚的时期，对应衰退阶段（图6-7）。

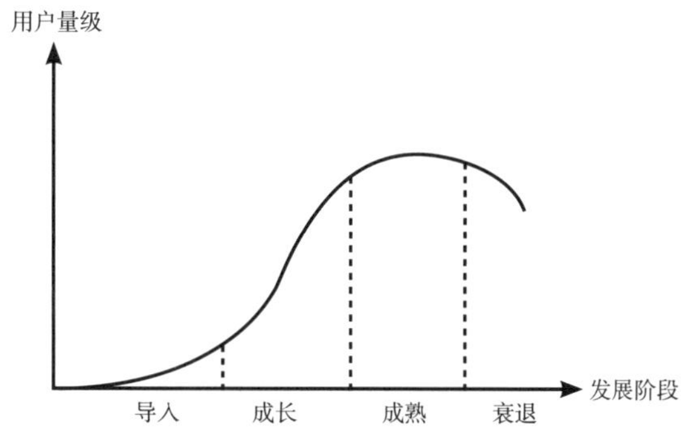

图6-7　时尚产品的生命周期曲线

在导入期，产品的销售额较低、单位成本较高、基本无利润甚至亏损，此时购买商品的消费者多对时尚非常敏感且十分热衷，此时市场上的同类产品非常少。在成长期，产品的销售量迅速增长，相比于导入期单位成本有所降低，此时利润开始上升，越来越多的人购买该时尚产品，市场上的同类竞争产品开始增多。在成熟期，该时尚产品的销售量达到高峰，此时产品的单位成本较低，利润达到最高水平，市场上的竞争者数量比较稳定甚至开始下降。在衰退期，该时尚产品的销售量开始下降，虽然单位成本仍然较低，但由于销售量降低，导致利润也开始下降，因此越来越多的企业退出该市场，市场上竞争者的数量大量减少。

二、时尚产业的微笑曲线

"微笑曲线"（图6-8）是由台湾宏碁集团创始人施振荣先生于1992年为"再造宏碁"提出的，作为宏碁集团今后的战略发展方向。经过十多年的发展，施振荣先生对"微笑曲线"加以修正，作为台湾各种产品的中长期发展策略方向。

"微笑曲线"的形成，源于国际分工模式由产品分工向要素分工的转变，也就是参与国际分工合作的世界各国企业，由原先生产完整的产品变为根据各自要素优势实现产品生产各环节全球分工，自身只完成某一个或一系列环节的生产任务。最后呈现在消费者面前的最终产品都要经过市场调研与定位、创意理念的形成、技术研发与投入、规模制造与加工、组装流通、市场销售、售后服务等环节，形成一条完整的由实力雄厚的跨国公司主导的全球产业链。从过程产品到最终产品销售，产业链上各环节创造的附加值由各环节所需要素的可替代性决定。

时尚产业在整个运营过程中涉及的环节众多，以服装产业为例，一件普通的成衣要经过纤维原料生产、纺织品设计和生产、服装设计和生产、成衣流通和服装零售等环节才能到达消费者手里，而在这些环节中的设计和营销需要知识集聚型人才以及科技资金的支持。由此也形成了时尚产业自身的"微笑曲线"（图6-9）。

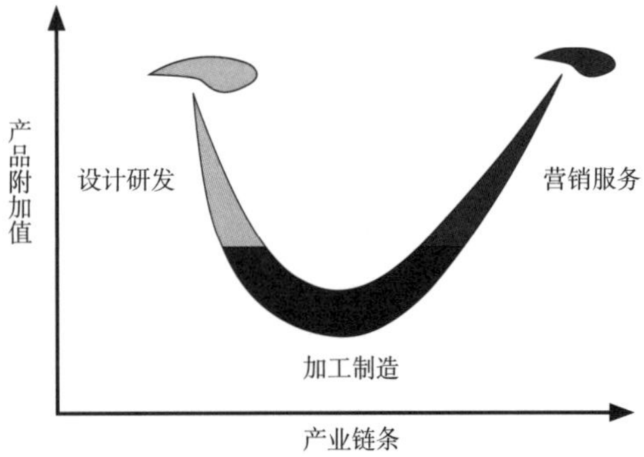

图6-8 微笑曲线

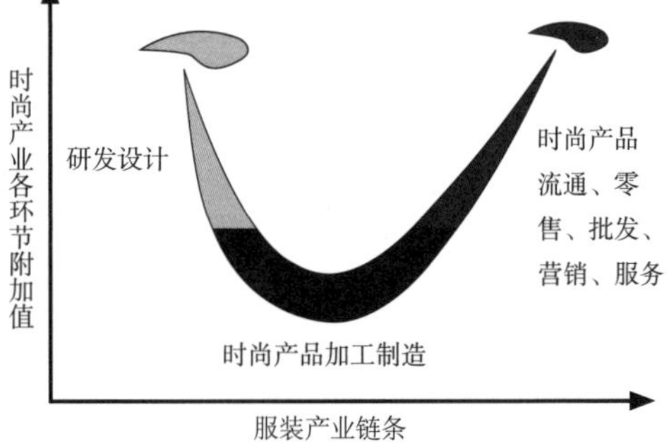

图6-9 时尚产业的"微笑曲线"

在图6-9中，时尚产业“微笑曲线”的两端（即高附加值环节）分别为研发设计和时尚营销阶段（时尚产品流通、零售、批发、营销、服务）。消费者对时尚的需求处于不断的变化之中，且变化速度较快，而时尚营销既可以帮助生产者及时了解消费者的最新需求，还可以帮助生产者将产品所包含的时尚因素、性能等情况传播给消费者，进而使生产者获得效益的同时使消费者获得效用，达到双赢的局面。

三、时尚营销的价值创造逻辑和创造过程

从本质上讲，时尚营销的目的在于创造和激发消费者对时尚产品或服务的良好态度，最终满足消费者的需求，进而为企业创造收入和利润，并提升时尚企业的市场地位、财务绩效和市场价值[1]。如果要厘清时尚营销价值创造的内在逻辑，就必须以消费者需求的满足为中心，整合时尚营销要素与不同时尚营销价值指标之间的关系，从而揭示时尚营销价值的创造过程（图6-10）。

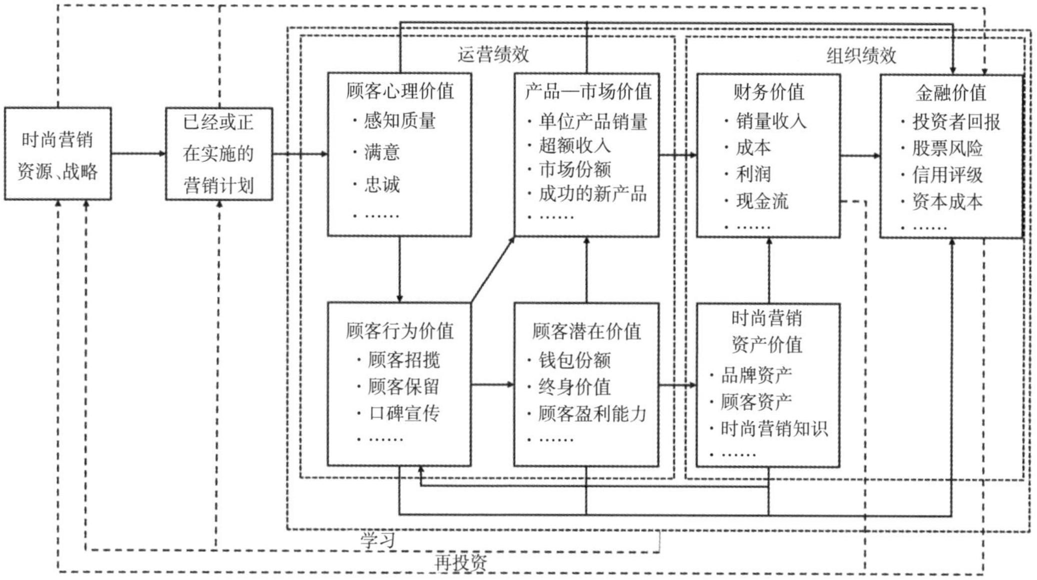

图6-10 时尚营销价值创造驱动模型

（一）时尚营销资源、战略与时尚营销计划

时尚营销的价值始于企业的营销资源和营销战略。时尚营销战略作为企业一定时期内针对时尚产品营销所做的总体设想和规划，必然涉及企业营销资源的配置，其目的是提高企业营销资源的利用效率，以最佳效率为企业的价值创造奠定基础。可以说，时尚营销战略在赢得和保留时尚消费客

---

[1] Hanssens D M，Pauwels K H.Demonstrating the Value of Marketing［J］. Journal of Marketing，2016，80（6）：173-190.

户、确保业务增长和更新、获取企业可持续的竞争优势，以及通过业务流程驱动企业价值等方面发挥着核心、方向性的作用。时尚营销计划是时尚营销战略的分解，是基于时尚营销战略的目标制定的为实现目标所应采取的策略、措施和步骤等明确规定。如果从上述效能与效率原则出发，时尚营销战略更强调“做正确的事”，时尚营销计划则强调“正确地做事”。企业只有确实制定了正确的战略，并通过部署相关资源真正推动时尚营销计划实施，企业的价值创造活动才算真正开始。

（二）企业运营绩效

时尚营销价值创造的第二阶段可称为运营绩效。运营绩效源于企业的营销计划，它将首先影响到顾客对企业所提供的产品和服务的心理价值。这种心理价值常常会通过顾客的感知获得，因此，营销中也常用顾客感知价值来衡量。总体而言，顾客心理价值是顾客对企业所提供的产品或服务所具有价值的主观认知。企业的时尚营销要素在很大程度上影响到顾客意识、顾客联想、顾客态度、顾客依恋和顾客体验等，从而影响到顾客的感知质量、满意度和忠诚度。

顾客心理和顾客行为在时尚营销的价值创造流程中发挥着至关重要的作用。从短期来看，顾客行为价值将对企业产品的市场价值带来直接的影响。企业获得的顾客行为价值越趋于正面和积极，则企业获得的产品销量、市场份额等也更为可观。从长期的视角来看，顾客行为价值还会影响到顾客的潜在价值，诸如钱包份额、终身价值、顾客盈利能力等。

（三）组织绩效

在传统的管理视野下，企业价值主要使用财务指标来反映，时尚企业也是如此，之所以开展时尚营销活动，主要目的还是提高时尚企业当前的财务价值。到目前为止，对财务价值的测度在所有的价值测度中是最为完备的。从时尚营销的角度来看，传统的财务价值指标优缺点并存，优点是能够将时尚营销对企业财务价值的影响较为系统地反映到企业的财务报表上，清晰地反映出企业的成本与收益。但是，越来越多的人意识到，当今企业价值的很大一部分属于无形的表外资产，并未在财务报表中得以反映，如企业的品牌资产、与顾客建立良好关系而形成的顾客资产等。这些资产的价值形成主要受顾客潜在价值的影响，通常可以分为两类：一类与企业所建立的同顾客之间的关系密切相关，另一类与企业所积累的关于顾客的知识密切相关。并且这类资产甚至还会反过来影响顾客的行为，如顾客对企业的品牌越偏爱，意味着企业的品牌资产价值越高，顾客购买企业产品的可能性也越大。

此外，现在有越来越多的学者认为营销活动对企业金融价值也有影响。股东作为企业的所有者，非常关注企业的价值。因此，对金融价值的关注意味着时尚企业的时尚营销要素将被投资者所关注。时尚营销的金融价值不仅会受到财务价值的影响，顾客心理、顾客行为等方面的因素也会给时尚企业的金融价值带来影响。时尚营销价值的发挥，有利于企业在时尚营销战略和时尚营销计划上进行再投资。同时，时尚企业也可以对时尚营销的价值创造活动进行再学习，不断改进时尚企业的时尚营销实务，创造可持续的竞争优势。

第七章
时尚营销的创新运营模式

大众的时尚消费需求催生了“时尚营销”的产生。时尚营销以满足消费者的时尚需求与欲望为营销中心，以时尚为产品背书从而创造出可以消费的时尚（营销使时尚概念可以消费）。时尚营销不仅可以锁定一个细分市场，还可以为特定的顾客定制时尚产品，以满足其个性化的时尚需求——时尚本身就具有创造差异的功能。这种营销方式不仅可以实现市场的极限细分，且是一种更具灵活性和适应性的营销实践活动，它将在更深层次上影响营销实践的方式和方法。

本章针对营销活动中时尚具体化应用的方式，探讨时尚营销的通用运营模式，挖掘和创造时尚基因（其作用机制是决定时尚的呈现方式及其变化）的转化使用方式，并分别从技术创新、内容衍生、事件活动、渠道融合的角度分析时尚基因的创新应用与推广模式。

第一节　时尚营销的基因法则

一、时尚基因的形成和发展

（一）时尚基因的来源

基因一词最早是由生物细胞学界的丹麦学者威尔·赫姆·路德维希·约翰逊（W. L. Johannsen）提出，其来源可以追溯到孟德尔提出的“遗传因子”学说。“基因”原指生物学上的基因，是指控制生物性状的基本遗传单位，具有稳定性的决定性状发育及可变性的特性。自2001年起，这一科学理论通过隐喻思维在设计领域、营销领域等引发了更为深远的思考和探索。

（二）时尚基因的产生

“时尚”，时之所尚，源自英文“fashion”，《新华字典》解释为：当时的风尚，一时的习尚。它新鲜稚嫩、令人兴奋却又变幻莫测、引发争论。时尚因素随着时间的沉淀逐渐变成某种辨识度很强的特质，成为时代的符号。作为时代文化符号的标识之一，时尚传递着特定时期的流行文化和社会环境，体现了时尚的时代文化或象征的本质特征。因此，从更宽广的意义来看，可以将时尚理解为一种满足某种文化需求的象征符号，它可以引领潮流并创造价值。

如同生物的遗传与进化，时尚的形成可以传承美学因素，人们把这种可传承的经典特质称为“基因”——时尚基因[1]。时尚基因是指有时尚自身所特有的鲜明特征的“遗传单位”。每一次新的时尚诞生，都会在原有的基础上进行“突变”和“变异”，其通常受到当代文化、社会环境及其他外在因素的影响而发生改变，否则在功用和审美上会被时代所淘汰。

（三）时尚基因的进化

孟德尔对于生物生成进化的研究在《植物杂交试验》中初次被提出，对他所发现的遗传学中显性、隐性遗传现象所表达总结的分离与自由组合定律进行了论述，与此同时提出了生物遗传依靠遗传因子的假说。伴随着之后几十年的研究，提出遗传因子的演变即为携带特定遗传信息的 DNA 片段；并通过转移与变异对生物自身形态进行设计，最终以遗传与变异的方式达到适应外部环境的效果。

在自然界中，人类为了生存不断进行发展与变化，并创造了一代又一代的人工产物，涵盖时尚的创造性活动，将史无前例的物品转化为有用的产品。从内核来讲，自然界和时尚界的形态具有内在的共通性。在同环境相互作用的过程中生物基因转录翻译为与环境相适配的生物体；与之相同的就是，在同时尚情境、文化背景相互作用过程中，时尚基因转录翻译为符合市

---

[1] 黄晓曼. 浅谈建筑设计的时尚与基因[J]. 山东工艺美术学院学报，2015（1）：82-87.

场经济的文化产物。二者的共同特点都是在外部环境共同作用下通过基因得以实现。而两者区别在于，由于时间漫长，自然界生物的生成和进化具有自发性、无意识性，而在时尚界中，时尚具有主观能动性并会根据不同情景进行创意性的变换，将文化、使用场景以特定的形态呈现。因此，时尚的生成与进化也可以用“基因”来描述和表达（图7-1）。

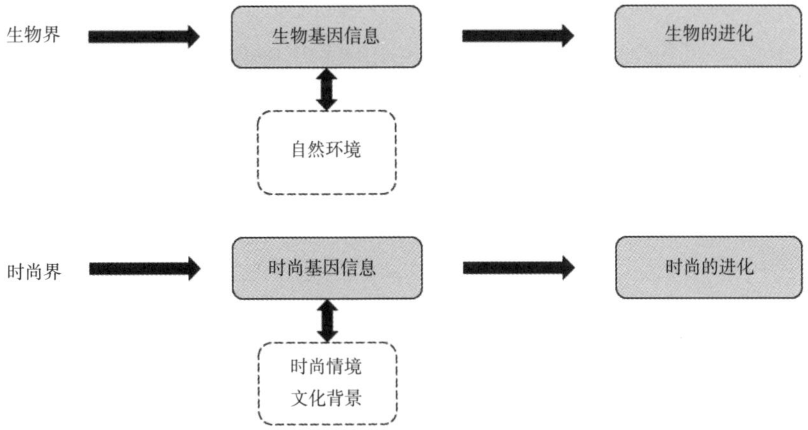

图7-1　自然界和时尚界进化过程[1]

（四）时尚基因的特征

时尚基因作为一种灵活的非自然生物体与自然界的生物一样，同样会存在基因的变异，也正是这种基因决定了时尚的不稳定形态和进化发展。借助于这种类比的思想，可以探讨时尚本身的基因属性，时尚基因表现特性有以下几点。

1. 遗传性

正如生物基因决定、控制着生物的生长发育顺序和过程一样，时尚基因也应该决定产品的生命过程，规定产品的基本功能、结构及其生命周期各阶段的特征。基因的遗传性是生物得以世代相传的关键所在，时尚基因的遗传主要体现在产品中所凝结的人类科技成果的遗传，它应是经过实践证实有遗传价值的时尚信息，即对其他时尚应该有被继承、借鉴的意义和价值。比如，很多新的时尚产物与上一代时尚产物在形态上具有一定的相似性，新的时尚产物常常是前一代时尚产物的继承和改良。时尚基因的内在价值表现为基因遗传，通过时尚产物所凝结的形态风格、功能等进行遗传与变异得以实现，彰显着对时尚的创意性设计与对文化的传承。

2. 变异性

基因变异是生物进化的必要条件和主要途径。时尚基因的变异性在这里主要指人们对时尚

[1] 高歌. 基于产品基因的文化创意产品设计研究[D]. 哈尔滨：哈尔滨工程大学，2019.

基因进行评价后采取优化措施以获得或者适应某些功能需求与消费需求引起的时尚特性的变化，从而衍生出具有新特点、新功能等别样化的新时尚产物。时尚基因的变异性是对生活中常见时尚产品的一种优化与再创造。变异性，就是时尚基因的突变，是在用户需求或市场需求的特定情景下催生，使时尚产品在功能、造型、精神层面等发生突变，或是新基因的加入使得这种“新产物”各方面的表现都得以优化。

3. 自我适应和自我重组

生物基因的自我适应和自我重组主要是指生物体产生有利变异，经过自然选择，通过遗传一代一代积累而保留下来。时尚基因则通过不断适应不同的消费需求的选择将有利变异基因保留下来。由于造成时尚基因突变的原因主要是由人为决定的，所以时尚基因的变异往往是一个不断优化、总是向有利方向进化的过程。类似于生物基因工程，时尚基因原则上总是朝其最优化的方向发展。但由于受人的消费心理和市场导向等多重因素的影响，时尚基因同样会出现许多不利的基因变异现象。所以我们在探索时尚基因特性的同时运用产品有利基因变异进行设计开发，才能够达到产品创新的目的。

4. 多样性

时尚就是由各种时尚基因遗传组成到文化多样性的生物群，随着社会环境的变迁与大众需求的转变而产生多样的基因组合与基因突变，以各种各样的遗传方式实现时尚基因的传承与创新，继而推动社会时尚的发展。类似于生物学基因概念，时尚基因具有一定的稳定性特点，但受不同的文化和社会环境的影响，产生基因的变异，形成了新的符合时代潮流的新形式，由此形成了多样化的时尚基因。

5. 复杂性

正如生物的多样性可以使生物群落丰富并且具有很高的自稳定性和可扩展性。为适应市场需求消费的多元化，针对不同层次不同类型的消费者，时尚的变化会日趋复杂，市场上的时尚产品类型也随之日益多样化。数字科技的高速发展使这种多样化的趋势日益明显，时尚在变化发展过程中的诸多基因元素会更加复杂多样。

（五）时尚基因的运用

时尚基因可分为显性与隐性基因，显性的时尚基因的进化形态表现为具体的产品设计、科技创新、文化传承与艺术表达等，隐性时尚基因的进化形态表现为产业形态、商业业态、生活方式、城市风尚等。

1. 时尚的显性基因

时尚基因的显性特征类似于生物学基因中的显性基因，是指建立在时尚表层上的文化和时尚诉求。显性基因对于生物的特性会产生直接的影响，而嫁接于时尚的研究中，将显性基因转述为时尚的显性特征。因此时尚的显性特征是时尚基因的重要内容，是区别于其他文化的重要依据[1]。

时尚的显性基因不能单纯地理解为时尚产物的外在表达，它应该是不同时尚外在表达中所蕴含的一种共性物质。共性的抽象的东西具备较强的可延续性和可延展性，显性基因的具体形式各不相同，从这些各不相同的造型形态中抽象出的共性形式，即显性基因。显性基因的基础是“显”，而其核心内涵仍要立足于基因，即强识别性和可延续性。例如，在设计学范畴中，时尚基因的显性特征是通过产品设计的形态和风格所体现的，如汽车品牌的造型设计、服装品牌的成衣风格、老字号品牌的品牌识别设计等。显性特征主要是指通过表象特征向目标群体展现的时尚内涵，也是时尚产品在与消费者的直接接触和沟通过程中直接表现的特点，显性特征在这一过程中有着直接、鲜明的特点，来引导消费者了解时尚并帮助商家稳固消费群体。

从显性基因的作用机制来看，显性基因需要具备以下几个特性。

（1）显性特征性。特征一词本身更注重的是特殊性和区别性，而在某个时尚产物的形态表述下，造型特征又具有统一性，即某一时尚在产品视觉层面上的相似性以及时间上的延续性。以宝马汽车为例，宝马的双肾型进气格栅是它所特有的代名词，宝马旗下车系众多，车型多种多样，但这些车型的前进气口都是统一的造型，这成为宝马的家族语言，也是宝马品牌最具有标志性的造型特征；同时，宝马各个车系的不同车型之间，或者是同一车型的不同年份的款式之间，前进气口的颜色、形状（扁圆和棱角）等都针对各自车型做了适应性调整，这就是统一中的多样化。换句话说，造型特征的稳定性和变异性也是相对的概念。没有一定程度的稳定性的造型特征只能算是昙花一现，不能称为某个时尚的造型特征，而缺乏变异性的造型特征一成不变，往往也难以适应市场和消费者日新月异的需求。因此在变与不变之中，要维稳的是特征性，即从造型特征中提取出来的最精要的特征表现，或者说是抽象化的几何图式。

（2）信息易感性。明确且显著的显性特征是消费者能最直接感受且提取到的时尚信息，因此显性特征一定是时尚风格、时尚核心价值的直观体现，且通过视觉或触觉等直观感官方式将这些隐性内涵传递给消费者。这就要求显性基因具备足够的差异性和亲和性，能够出挑且易感知。易感性需要强大的可识别性作基础，例如，用户通过标识的红色可以直接感知到可口可乐的热情与活力，通过时装周上的中国红和刺绣等中国元素可以直接感受到中华民族的文化底蕴和人民智慧，让用户一眼就可识别出设计的思路，这种易感知不仅有助于用户在看或使用产品时理解设计的意图，更是希望达到“以小见大”的效果——用户看到刺绣，就知道这是属于中国古代绣娘的精妙技艺，毕竟记住一个要素或一个抽象造型，比记住一个完整的产品要容易得多。

---

[1] 赵北辰．探究女装品牌基因的显性特征和隐性要素[D]．长沙：湖南师范大学，2018．

（3）可延续性。一个成功时尚的个性往往能影响到人们对使用该产品的人的印象，这就是时尚效应。香奈儿（Chanel）品牌致力于塑造一种自由、优雅、与众不同的风格，当看到穿戴香奈儿品牌服装的女士，也会对她产生一个“优雅女性”的印象，这就是香奈儿品牌的塑造。我们可能是通过香奈儿的标识，也可能是通过香奈儿的特色风格识别出了该品牌，这种供大众识别的要素就是维系消费者和品牌之间的纽带，也就是大众所能直观感知和接收到的时尚显性特征。长此以往，品牌就能收获一个稳定的用户群，且不断吸引人们进入这个群体。因此，时尚的显性基因需要具备较强的包容性和转换能力，它不能有很多的限制，要保证基因延续过程中既能保有产品的基因，又能容纳新的时代特色，为时尚基因的进化提供一个可能性[1]。

2. 时尚的隐性基因

时尚基因的隐性要素类似于生物学基因中的隐性基因，是指建立在时尚概念上的时尚特征和时尚风格。隐性基因对于生物的特性会产生间接的影响，而嫁接于时尚的研究中，我们将隐性基因转述为时尚的隐性要素。隐性要素如“冰山理论”所说的一样，埋藏于海底不容易被消费者发现。虽然隐性基因不容易被人们关注，但却是时尚基因的决定环节，无论是时尚服装造型还是时尚服装色彩都受到“隐性基因”核心内容的指引。时尚的隐性要素是对女装设计本质特征的概括化与抽象化，而显性基因与隐性基因呈现出上下文式的紧密联系，使得隐性要素的产生和表现必须依附于显性特征。隐性基因之所以能够向消费者表达一定的信息，就是源自时尚基因在显性特征的表现映射出人脑中对应的信息，并产生了相应的概念。一个时尚的基因概念更多的是通过隐性要素来维持建设的，同时也在慢慢建立与目标顾客的心理认知图式，成为一个时尚基因不断向上发展的根基[2]。

传统企业品牌的隐性基因是指建立在时尚概念上的隐性时尚特征，正如“冰山理论”所说，隐性特征埋藏于海底不易被消费者发现，但却是时尚基因的决定性部分。时尚的显性基因表现都受到隐性基因的指引，隐性基因的内容是时尚本质特征的概括与抽象。反过来，隐性基因的产生和表现也必须依附于显性特征之上，也就是说，隐性基因向消费者传达信息的原理，是源于时尚显性特征在人脑中有所映射，并产生了相应概念。时尚基因的本质更多的是由隐性基因所维持和建设的，同时在用户心中也会慢慢形成认知图式，从而建立起一个牢固且发展的品牌形象。从现有的品牌形象中我们可以发现，隐性基面往往以“词汇”或“短语”的形式来表现，如梅赛德斯—奔驰，其品牌Slogan是THE BEST OR NOTHING（要做就做最好），它当下的发展策略是C.A.S.E（瞰思未来），四个字母分别代表“智能互联、自动驾驶、共享出行和

---

[1] 卢嘉欣. 互联网品牌基因的生成与发展机制研究[D]. 无锡：江南大学，2020.
[2] 赵北辰. 探究女装品牌基因的显性特征和隐性要素[D]. 长沙：湖南师范大学，2018.

电力驱动”，旨在通过这四大领域的智能整合，为客户带来便捷、安全、舒适的出行。不难看出作为顶级汽车制造商，奔驰也以领头者的身份在要求自己，吸引着具有相同特质的消费者。THE BEST OR NOTHING可以认为是奔驰的核心隐性基因，单纯理解这句短语只能有一个抽象的感知，而看到奔驰的产品设计和品牌行动，就能直观且形象地感知到这句短语的真正内涵。由此可以总结出隐性基因的两个特点。

（1）联想驱动性。隐性基因本身应该具备强大的联想属性，隐性基因与显性基因的最大区别即不可被直接感知，这一区别同样意味着隐性基因给消费者以更大的想象空间。或许在面对显性特征的时候，看到即所得，但在隐性基因面前，看到的只是冰山一角，人脑自身的消化能力和思维能力会影响人对时尚隐性基因的感知程度和深度，这就要求隐性基因本身要具有强大的联想驱动力，最大限度地让用户接收到更多、更深的时尚信息，从而塑造一个足够丰满的时尚形象。

（2）连贯故事性。承接联想驱动性，在将具备联想属性的隐性基因片段传递给消费者之后，还需要有连贯的故事属性和引导力去指引用户将片段串联成完整的故事体系，形成具有上下文的基因链，只有将点连成线，线构成面后才能产生完整的体，才能在坚固稳定的基础上，让消费者对接收到的信息不断在脑内加工形成具有独特理解的时尚形象[1]。

二、时尚基因的传播

时尚基因的传播是时尚基因产业化、商业化、市场化、营销化的过程。这个过程与时尚创新息息相关，是时尚基因在营销活动中的创造性应用。反之，营销活动也可以推动时尚基因的传播与推广。

时尚的产生和延续，本质上是通过信息的获取、流通和传递，在一定时期和范围内产生对特定时尚产品、生活方式乃至文化理念的跟随和模仿。近年来，随着新一代信息技术和新兴传播媒介的不断涌现和推广应用，时尚传播不仅是单纯的工具和手段，而且逐渐形成一批跨界融合的新业态。时尚传播业打通了创意、生产、营销、消费等环节，是宣扬时尚理念、繁荣时尚文化、发展时尚经济的重要途径和关键抓手[2]。

（一）时尚基因的传播对象

在传播者上，当前专业传播者与普通受众之间的界限越来越模糊。专业传播者凭借其特殊的渠道资源、专业的知识积累和为大众认可的权威性，其在时尚传播过程中仍将发挥重要的作用和影响力。但是，以“网红”、流量大V等为代表意见领袖以及带货达人、超级买手等正在

---

[1] 卢嘉欣．互联网品牌基因的生成与发展机制研究[D]．无锡：江南大学，2020.

[2] 熊兴，陈文晖．对我国时尚传播产业发展的思考[J]．艺术设计研究，2020（6）：5-9.

组成新的传播群体。这类群体娴熟地利用新媒体，急速拉近品牌与消费者的距离，消费者通过他们的“最佳实践”，迅速参与时尚话题的讨论和潮流趋势的追随。

在传播受众上，原来仅有部分对时尚特别感兴趣和着迷的群体会持续跟踪、追随各类时尚资讯，但在社会化媒体环境下更多的普通民众也不知不觉成为时尚资讯的被传播和影响对象，并通过去中心化的传播机制，促进受众群体主动评论、转发、分享乃至二次生产，实现时尚资讯的裂变式扩散[1]。

（二）时尚基因的传播内容

在时尚传播内容上，以往就是组织化机构生产的时尚传播产品，普通民众也可以通过文字、图像、影音甚至是个人行为来传递个性化的时尚资讯。

从20世纪60年代开始，伴随着大众文化的兴起，以精英文化为主流的社会文化向以尊重不同类型消费者需求的大众化和多元化方向发展。进入20世纪90年代后，互联网发展让传播更加去中心和扁平化，自媒体和社会化媒体的出现，为社会各个阶层的人群提供了发声渠道。源于平民阶层、形式多样的青年亚文化群体层出不穷，由于其草根性的内容更加富有创新性和冒险性，更容易在大众群体进行传播。来自青年的街头文化、恶搞文化、御宅文化等，也成为时尚传播的内容源头[2]。

时尚传播内容兼具大众化和个性化，新媒体承载着时尚信息传播与关系建立的双重角色。一方面，新媒体凭借广泛覆盖的移动终端和先进的数字技术，快速实现了时尚的大众传播，进而形成大众对时尚产品、文化、理念的大量追随。例如，微信和新浪微博的品牌官方账号已经成为时尚品牌数字营销的主战场，小红书、抖音、今日头条等也逐渐被国内外时尚奢侈品集团和品牌广泛使用。其中，2019年今日头条时尚奢侈品热度指数较2018年猛增267%，时尚奢侈品相关文章数量、阅读量也较2018年分别增加了206%~278%。众多时尚奢侈品牌希望通过新媒体达到内容快速推送、粉丝关注数量增加、品牌活跃度提升以及官方账号的纳新能力增强等诉求。另一方面，在新一代信息技术驱动下，时尚资讯内容生产更加智能化，与大众的交流互动更加频繁、及时，并营造出更多个性化的体验场景和消费空间。新媒体使得个体都可以成为时尚资讯的发布中心，一批优质的时装和时尚博主正成为时尚品牌可以信赖的、真实的和具备高度专业素养的意见领袖。目前，我国活跃的频道网络（MCN）机构数量和短视频平台关键意见领袖（KOL）规模分别约有5000家和20万，依托一些时尚领域的头部“网红”、意见领袖和主播，并以他们为核心，可以形成以传播品牌文化价值内涵和时尚生活方式为主的人际关系新“圈层”[3]。

---

[1] 熊兴，陈文晖. 对我国时尚传播产业发展的思考[J]. 艺术设计研究，2020（6）：5-9.

[2] 董妍. 模因、叙事、价值观：互联网时代时尚传播秩序的建构[J]. 当代传播，2020（6）：85-87.

[3] 熊兴，陈文晖. 对我国时尚传播产业发展的思考[J]. 艺术设计研究，2020（6）：5-9.

（三）时尚基因的传播效果

在时尚传播效果上，原有的传播方式会产生“自上而下”的传播效果，只能使时尚受众进一步加强对时尚的跟随，但现在的传播方式使普通民众更有属于自己的时尚，并开始就时尚的扩散、传播进行自我创新。时尚传播不仅是消费的对象，更是再制造的过程。一些中小时尚品牌，借助新媒体的兴起，在一些细分领域打破了大品牌垄断，实现自身的快速发展[1]。

（四）时尚基因的传播方式

时尚基因传播具有文化传播与商业传播的双重属性。实体的商品是时尚文化传播的优良载体。例如，服装中的廓型、花纹，美妆产品中的色彩、造型，家居产品中的图案和流行色，都是对时尚基因进行实体化的传播[2]。从时尚基因的传播方式来看，时尚营销活动可以推动时尚基因的传播与推广。

媒介是时尚传播的主要渠道之一，作用在于信息的传递，让大众对于新鲜事物的了解得到“认知”层面的信息流动。时尚传播中的新思想、行为与事物进行创新扩散的过程中，其载体并非仅有大众媒介一种形式。由于时尚传播非常依赖于形象与审美，因此其丰富的传播形式对于传播媒介有更多样化的追求。画册、影视作品、新技术带来的全息影像甚至实物T台、时尚产品也都是时尚传播的媒介。时尚观念、时尚故事、时尚的人物及其历程，需要通过戏剧、影视、音乐、文学等多种体裁参与，才能够将时尚的思想观念进行较为完整的叙述。内容经过多种文化形式的编码与解码，使时尚传播得以被各种人群接纳，从而将新的思想与价值观念、行为与事物进行扩散。随着新一代信息技术和多样化移动终端的推广应用，新媒体已经成为时尚传播的最重要平台，并引领时尚传播方式的创新。

与此同时，时尚信息传播视频化正成为主流方向。随着新媒体的兴起，各类视频产品正呈爆炸式增长，信息视频化快速渗透至人们生活的方方面面。目前，全国网络视频用户规模达到7.59亿，网络视频网民使用率达到88%以上，视频作为当前消费者获取信息与娱乐最重要的方式之一，正成为时尚传播最重要的流量入口。特别在新一代信息技术的驱动下，以抖音、快手等短视频App以及各类直播平台为载体，带来了更为新奇、好玩的营销模式和丰富多元的应用场景，使得视频化在时尚传播中的作用日益凸显[3]。

三、时尚基因的创新

（一）时尚创新的内涵

时尚创新是时尚基因的创造性活动。这里的创造性活动包括时尚基因的发明和推广两个过

---

❶ 熊兴，陈文晖．对我国时尚传播产业发展的思考[J]．艺术设计研究，2020（6）：5-9.
❷ 董妍．模因、叙事、价值观：互联网时代时尚传播秩序的建构[J]．当代传播，2020（6）：85-87.
❸ 熊兴，陈文晖．对我国时尚传播产业发展的思考[J]．艺术设计研究，2020（6）：5-9.

程。时尚基因的发明过程涵盖了所有创造新想法的尝试活动，时尚基因的推广则包含商业发展的各个阶段，如创意的应用和转移、目标达成的评估等。创新是创造新事物并在市场成功推行的理念。虽然创新往往来源于灵感，但成功的创新往往源于有意识、有目的地寻找市场机会。时尚创新专注于商业理念的开发和时尚行业的创意投入。

（二）时尚创新的流程

创新是一种新流程和新方法，这对顾客来说可能并不明显，但在提供服务和产品方面具有重要的价值。时尚创新经历了从新思想（创意）的产生、研发、制造，最终到商业化推广的全过程（图7-2）。一切具有时尚基因并能够创造商业价值或社会价值的创新活动都可以被称为时尚创新。时尚创新的发明过程是一个蕴含时尚基因的创造过程，即将时尚元素运用到创新的过程中，并带来一定的价值增长。它不仅强调创新的过程，也强调创新的结果。

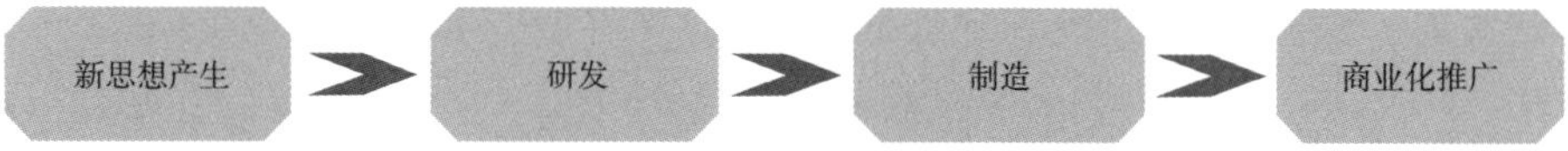

图7-2 时尚创新发展流程

（三）时尚创新的内容

创新实质是能使创意或新设计产生与应用的一种机制。时尚基因创新的生产链是一种动态进化的闭环式市场活动，从创意设想萌芽，到创意的研发设计，然后通过产品实现创意的市场效益，最后通过市场需求进入新一轮的发展创新（图7-3）。时尚基因创新包括以下五个方面的具体内容：基于时尚元素开发出新的时尚产品或服务；采用各个时代的文化符号，创造性地开发其延伸性应用；采用新科技和新媒体手段，开发新的生产方式和推广方式；洞察时尚消费者的新需求，构思并转化新的创意，开拓新的目标市场；企业组织结构的改变和时尚资产形态的变革。

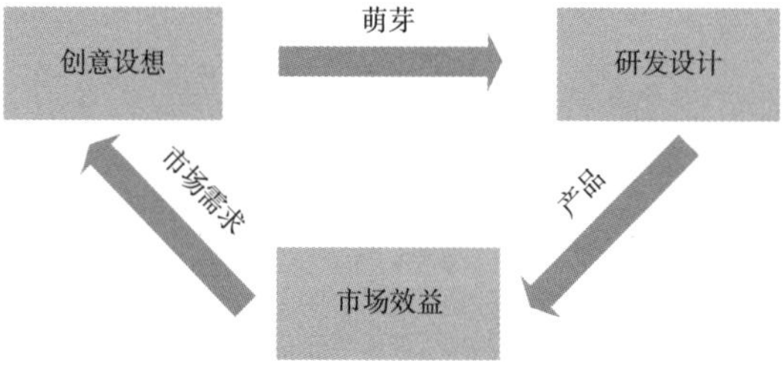

图7-3 时尚基因创新的动态生产链

（四）时尚创新的方法

创新方法是为解决创新问题而采取的可以指导企业创新实践的一系列思维、途径、步骤和手段。时尚创新的方法主要有开发兼具时尚与创新特点的新产品；以时尚新颖的服务满足顾客需求；开拓新的目标市场；营销方式与内容时尚化；推动品牌时尚化等。相应的具体方法可以有多种要素的重新组合；超前的创新意识；逆向思维的使用；另辟蹊径，避免从众；发挥批判思维，怀疑精神等。以品牌创新推动时尚创新，以市场创新带动时尚创新，以营销创新促进时尚创新，以管理创新和组织创新保障时尚创新。

（五）时尚创新的过程

创新是发明被转化为有益的产品或系统的过程。从时尚的进化路线来看，时尚基因创新的过程可以分为时尚元素创新、时尚单元创新、时尚模块创新、时尚系统创新四个阶段（图7-4）。时尚元素创新是基于自主创新的时尚初创新，是时尚创意的根本性创新，引进了新的具有变革性的时尚元素，常常能产生巨大的或一系列潜在的应用价值。时尚单元创新是基于文化符号的时尚再创新，主要指各时代文化符号的传承与延伸性应用。时尚模块创新是时尚产品、时尚活动、时尚服务各模块的创新行为，主要是时尚创新在营销过程中的呈现形式与具体运用。时尚系统创新是指那些在共生环境作用下只对已有资源进行重组，将现有的时尚资源按照系统的联结方式组合起来，也就是说，时尚系统创新可能改变时尚的载体或呈现方式，但是时尚相关的内容并没有改变。

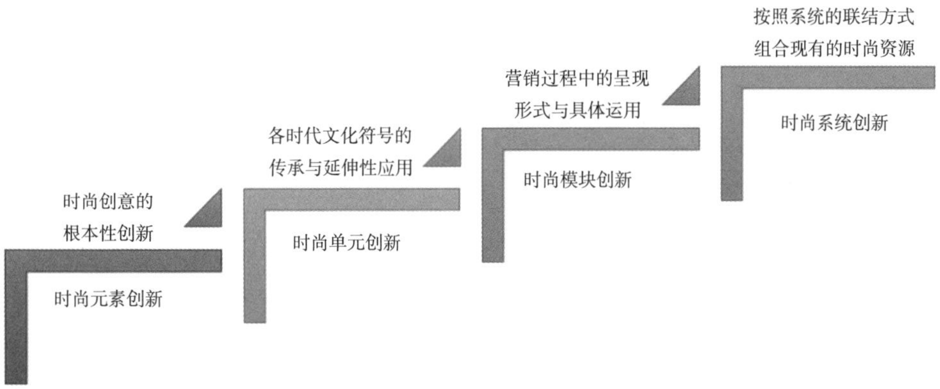

图7-4　时尚基因的动态创新过程

（六）时尚创新的目标消费者

创新的目标消费者是领先的采用者或消费先驱。时尚创新关注的是比任何其他消费者更早购买新时尚产品的倾向。时尚意见领导者，即新产品消费的积极分子。时尚创新的目标消费者主要是时尚消费者，但又有一些区别。时尚消费者大多都注重时尚设计和产品品质。而时尚创新的目标消费者更多的是追求与众不同的价值观，注重时尚需求的多样化和新颖化，渴望尝试新的时尚风格，是一种风险偏好者。

（七）时尚创新效果的评估

创新效果的评估是由技术成果转化形成的产品是否获得利润、能否增加社会净财富及能否产生新价值等经济性指标为衡量标准。如何评估时尚创新的效果，目前还没有成熟的量表被开发出来。大多数学者都是通过消费者感知来评估时尚创新效果，如从产品新颖性和主观体验两方面对产品创新进行测量。时尚创新的效果可以从企业和消费者两方面来测量。企业维度主要包括文化创新、组织创新、渠道创新、管理创新、市场创新。消费者维度主要是消费者对时尚创新的感知测量，主要包括设计创新、产品创新、服务创新、营销创新、品牌创新。

（八）时尚创新的意义

创新对于竞争性时尚企业的发展至关重要。时尚的核心特征之一就是创新。时尚的创新力求差异化和吸引力，因为时尚本身就是一个具有前瞻性思维的行业。传统的创新必须制定战略，建立流程和系统，以鼓励产生组织发展及其所必需的新的或改进的产品、服务、流程和思想。现代的创新更需要的是强大的技术开发能力和新颖的创意思维能力，不断开发和更新产品，持续与消费者和设计师沟通，全心全意追赶和满足消费者的需要，塑造有创意的、时尚的品牌形象，展示出对流行时尚强大的引导力。

高效的时尚创新能够为品牌注入新的创意和想法，使品牌更加时尚化、年轻化；有利于树立企业良好的形象和信誉；有利于企业改进技术、改善管理，从而提高企业自身的竞争力；有利于生产出适销对路的高质量产品，扩大市场占有份额，获取更大的利润；有利于时尚企业开创自己的品牌产品，形成企业独特的品牌优势。时尚创新是企业自我发展的必然要求，也是使品牌生命得以不断延长的最佳途径之一。

第二节　时尚产品营销

一、时尚产品营销的定义

（一）时尚产品

时尚产品指在特定时间内率先由特定人群购买和使用，随后为社会大众所崇尚或仿效而争相购买的各种热销产品。在短时间内一些人为满足自我崇尚使用的新兴产品如：新材料、新工艺的运用；新价值理念的融入；新文化观念的体现等引领潮流的商品。时尚产品的特征通常为色彩明快、造型独特新颖、功能实用性强等。时尚产品的类型有服饰、美妆、饮食、电器、家居、饰品等，其范围比较广。

（二）时尚产品营销

时尚产品的营销目的是迅速赚取丰厚利润、完成资本积累[1]。时尚产品营销是指将当前大众所崇尚的热销产品或新出现的被大众所接受的产品以特定的方法（结合新媒体营销方式突出产品特有性质）将其推向目标受众，并不断向他们传达独特的文化理念与品牌诉求的一种营销方式。

二、时尚产品营销的运营模式

（一）“网红IP”时尚电商运营模式

“网红IP”时尚电商运营模式旨在以产品为基础、以用户为中心、以“IP”为重点，按照“网红+社群+电商”的商业模式，提升产品或服务的社会效益营销建议[2]。随着时代的发展及“网红”的不断涌现，实现了营销学上的“产品溢价”，即在质量和现有技术不变的前提下，给予产品或品牌更多的软性商业价值。同时，“粉丝”既加大了大众对新产品的接受程度，也解决了销售渠道的问题。

1. 模式特征

“网红IP”时尚电商运营模式更注重与消费者的互动沟通，揣摩消费者需求，利用个人“IP”刺激具有个人象征意义的消费欲望。

2. 营销方式

营销方式包括预售方式的饥饿营销；互动方式的情感营销；“粉丝”与“粉丝”之间沟通的口碑营销。

（二）协同消费——平台运营模式

1. 协同消费的目的

协同消费的核心思想是共享，通过新兴技术平台分享技术和能力、住房、物品，以及产出装备和技能等闲置资本，在社会需求得到满足时来提高社会资源使用效率的一种高效、绿色环保的模式[3]。这种运营模式有助于将一个个“点对点”的个体间相互满足的需求变成“多对多”的交易平台[4]。雷·阿尔戈认为协同消费将成为风靡全球的现象，消费者将在网站上进行产品和服务的交换，以部分所有的方式共享产品和服务。雷切尔·波茨曼和路·罗杰斯揭示了一种以社交网络为基础，建立在资源共享和协同消费基础上的新型经济模式，并阐述了产品服务系统、群体消费模

---

[1] 葛长银．时尚产品的经营特点——“小先生”美容仪营销案例分析[J]．中国农业大学学报（社会科学版），2000（4）：33-38，45．

[2] 王奕杨，朱伟明，肖心玮．基于“网红IP”的时尚电商营销模式研究[J]．经营与管理，2017（9）：124-127．

[3] 常勤勤．共享经济运营模式的探析[J]．中国市场，2017（22）：265．

[4] 苏欣，苏洁，童超．协同消费商业模式的创新研究：以优步（Uber）为例[J]．征信，2017（2）：15-18．

式和市场再分配三种新模式如何演变成为更具可持续发展性的消费模式，进而发展成为一种全球性的经济浪潮。协同消费模式如图7-5所示。表7-1为协同消费运营模式类型分析。

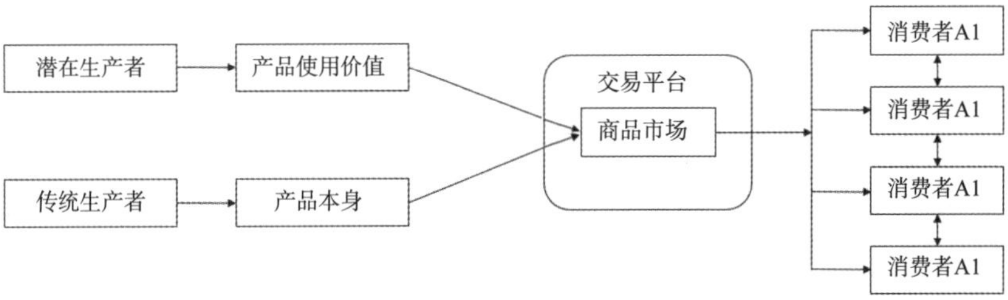

图7-5 协同消费模式[1]

表7-1 协同消费运营模式类型分析

模式类型	模式特点	平台
B2C电子商务模式	企业与消费者之间的协同消费模式：企业一般会自建一个网络销售平台，然后将商品发布到网络平台上供消费者选择	亚马逊、ofo小黄车、美团单车等
C2C电子商务模式	消费者之间的协同消费模式：消费者之间通过网络进行交易，往往存在着第三方支付平台	优步、滴滴等
社会化电子商务模式	利用大数据技术根据用户的喜好推送不同主题的信息以获取更多用户，这种模式有两个优点：第一，用户之间、用户与企业之间可以相互分享有用信息，进而节约交易时间成本；第二，此协同消费模式融合了社交元素，可以比较容易地在协同消费者之间以及消费者与企业之间建立起信任关系，从而提高协同消费的参与度	新浪微博、知乎等

2. 协同消费的产品策略

（1）创造优质产品和服务，取得先发优势。为消费者提供优质产品和服务以获得更多用户，并快速占领市场。

（2）强化协同消费产品和服务设计，提供更多可以进行协同消费的产品和服务。

例如，三宅一生（ISSEY MIYAKE）中这几年被国内消费者最为熟知的就是其PLEATS PLEASE（三宅褶皱）系列的“BAOBAO”（图7-6）。BAOBAO因其独特的外观与材料设计受到了广大消费者的青睐。

图7-6 三宅一生“BAOBAO”

三宅一生的品牌定位为“轻奢”，服装产品价格定

[1] 杨晓北. 共享经济背景下协同消费模式分析及发展策略[J]. 商业经济研究，2018（19）：43-45.

位根据不同款式需求及面料定价，它采用协同消费（平台运营）的运营模式，在开店之前运用微信、微博等平台推送消息，对新产品的独特性进行宣传。

（三）创新性产品运营模式

这类模式的最大特点是指不断进行产品创新，以创新为着眼点为产品或企业服务。其典型的例子是苹果（Apple）手机的更新换代，苹果除了品牌价值外，其产品创新性都会成为每次新品发布的焦点。创新产品运营通过市场需求分析、潮流趋势预测和创新技术分享，多维度、多层次探讨产品开发的发展动态和解决方案，促进企业在特定经济环境中进行符合市场需求的产品开发，实现技术创新与时尚创意相结合的价值创造。

（四）品牌运营模式

品牌运营模式是指对品牌经营过程的计划、组织、实施和控制，是与产品生产和服务创造密切相关的各项管理工作的总称。将产品的突出特色综合为品牌的特征[1]。

品牌运营模式可分为单一化品牌运营模式和多元化品牌运营模式（表7-2）。

表7-2　品牌运营模式类型分析

模式	模式特点	品牌
单一化品牌运营模式	企业对其所生产的所有产品，都使用统一的品牌战略模式	西雅衣家（C&A）、MANGO等
多元化品牌运营模式	企业同时采用两个或两个以上的品牌，在市场上形成多品牌共生的品牌战略	飒拉（ZARA）、盖璞（GAP）等

（五）可持续产品运营模式

可持续产品是可持续营销组合中的一个重要因素，也是可持续营销的关键所在。可持续产品策略是指从产品原材料的选择、产品的设计生产到产品的包装、售后服务及市场开拓提出有利于人类可持续发展的行动方案[2]。它主要包括以下几个方面：

第一，可持续产品设计，如在产品的工艺设计上采用新工艺、新设备，达到节省资源和能源、降低废物排放的目的，并应尽可能地减少加工工序，简化流程。

第二，可持续产品的生产，如新节能、清洁及低碳材料的运用。

第三，可持续产品包装。

第四，可持续包装。

第五，引导可持续消费，为可持续产品创造市场。

---

[1] 支阿玲，刘丽娴，郝艺妍，等. 快时尚品牌模式与核心维度[J]. 数码设计，2017（8）：96-98.

[2] 卜庆娟. 可持续营销产品策略研究[J]. 邢台学院学报，2005（4）：72-74.

三、时尚产品营销方式

（一）病毒式营销

病毒式营销是通过提供有价值的信息和服务，利用用户之间的关系网状结构的扩散式信息复制传播来实现网络营销的最终目的[1]。常见的病毒式营销方式有电子邮件的病毒式营销、利用微信/QQ 的病毒式营销、运用微博的病毒式营销、运用粉丝论坛式病毒营销、具有争议性话题式病毒营销。常见的病毒式营销的操作方法如图 7-7 所示。

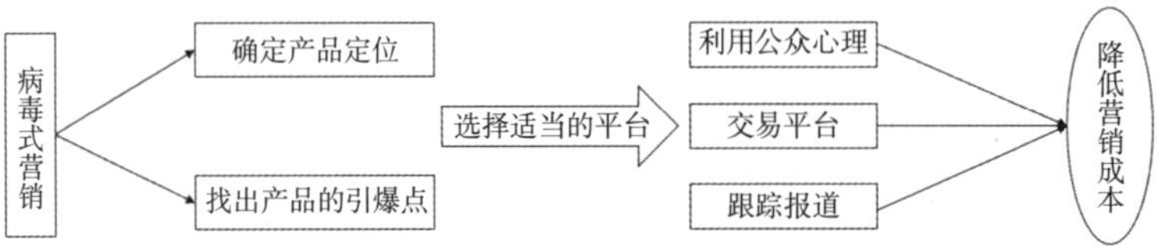

图 7-7　病毒式营销的操作方法

（二）内容营销

内容营销从本质上说不是直接宣传产品，而是注重产品的娱乐性质，生产用户感兴趣并自发进行传播的内容，从而提高企业的知名度和声誉进而产生购买行为[2]。内容营销不是一个简单的技巧，也不是一次精妙的创意，而是一套系统化的营销方法，其营销内容需兼具价值性和娱乐性，让用户通过内容关注企业、品牌及产品。获取用户的自发关注是内容营销与传统营销最大的不同，也是内容营销能够取得成功的关键所在。常见的内容营销的形式有微信营销、微博营销、论坛营销、新闻营销、事件营销等。按照营销渠道又可分为用户生产内容（UGC）与专业生产内容（PGC）[3]。

1. 内容营销策略

（1）提供给用户更多娱乐化、功能化的信息，不直接讲产品，提前获取用户好感（理念）。

（2）借助多种媒体平台，而不是传统主流媒体（渠道）。

（3）侧重于影响用户的消费动机，从功能型向享乐型转变（方向）。

（4）刺激用户分享（目标）。

（5）培养专业人才（策划）。

2. 内容营销案例分析

小米创始人在社区创建了一个米粉版块，让这些米粉为新推出的米柚系统提供一些设计意见，后来用米柚系统研发了小米手机，当初参与米柚系统研究的米粉觉得自己参与设计研发了

---

[1] 杨瑞青，谢梦真. 病毒式营销方法应用于产品营销中的可行性研究[J]. 商场现代化，2015（30）：58-59.

[2] 练青芸，陈彩莲. 系统化内容营销方法简谈[J]. 西部皮革，2017，22（39）：37.

[3] 仝彦丽. 新媒体时代企业内容营销的策略分析[J]. 电子商务，2019（6）：53-54.

小米这个品牌，所以当小米发布手机的时候，发烧友会主动去购买，并四处宣传小米手机，激发了抢购热潮。小米成功地利用内容营销，让粉丝充分参与产品的研发和设计，进而主动分享传播，打造了内容营销的成功案例。

（三）体验营销

1. 体验营销目的

体验营销是指企业通过让目标消费者参与，如观摩、聆听、尝试、现场试用等方式，亲身体验产品的品质和性能，从而促使顾客产生认知、喜好并产生购买行为的一种营销方式[1]。体验营销以满足消费者的亲身体验需求为目标，以提供服务产品为平台，以有形产品为载体，研发、生产和销售高品质产品，从而拉近企业和消费者之间的距离。

2. 体验营销有以下五大主要营销策略

（1）感官式营销策略：主要是通过听觉、视觉、嗅觉与触觉等建立消费者在感官上的体验。

（2）情感式营销策略：在营销过程中，企业要充分触动消费者的内心情感，创造出情感式体验。情感范围可以是温和的正面情绪，如欢乐、开心、自豪等，也可以是强烈的激动情绪。

（3）思考式营销策略：是通过启发消费者的思维，有创造性地让消费者获得认知和解决问题的体验。

（4）行动式营销策略：是通过偶像、明星等来激发消费者，使其生活形态加以改变，最终实现产品的销售。

（5）关联式营销策略：是感官式营销、情感式营销、思考式营销和行动式营销的综合。这是最为全面的策略，也是企业营销应该主动选择的策略，在各种策略的选择上必须以企业与市场的现状为依据，灵活变通。

第三节　时尚内容营销

一、时尚内容营销的定义

内容营销，指的是以图片、文字、动画等介质传达有关企业的相关内容为客户提供信息，促进销售，通过合理的内容创建、发布及传播，向用户传递有价值的信息，从而实现网络营销的目的。

时尚，指人们对社会某项事物一时的崇尚，这里的“尚”是指一种高度。时尚内容营销指

---

[1] 祝福云，陈晓暾．体验营销——企业开拓市场的新思路[J]．商场现代化，2006（2）：84-85．

的是对“时尚文化”进行营销。

时尚内容营销是指通过对时尚基因内容进行策划，通过营销机制，激发消费者对时尚的兴趣和需求，进而产生相应的时尚消费行为。

二、时尚内容营销的运营模式

时尚内容营销是通过对时尚基因的挖掘和内容生产，运用营销手段和方法，向消费者传递时尚内容和信息，最终影响消费者的时尚消费行为。

三、时尚内容营销方式

（一）品牌联合营销

案例1：农夫山泉故宫贺岁瓶。

案例2：《绘真·妙笔千年》是由故宫博物院联合网易共同开发的一款手游[1]。

案例3：星巴克入驻纽约的服饰品牌旗舰店，开起了融合店，在服装店里卖起咖啡。

（二）品牌年轻化

来伊份在2019年端午节前推出了“网红小龙虾粽子”，备受行业关注。粽子本身为中国传统美食，而小龙虾则属于红遍年轻群体的食物，来伊份将两者融合，一方面开启了端午节营销，另一方面也使粽子的属性向年轻化偏转。除了“网红小龙虾粽子”外，来伊份在推进产品年轻化进程中也善于抓取热点，实现热点、社群、营销三者的交互贯通。在2018年俄罗斯世界杯期间，来伊份将西梅与“梅西”巧妙结合，借势足球巨星，将借势与造势的双重玩法展现得淋漓尽致[2]。

（三）场景营销

案例1：纪录片营销。自 2005 年以来，故宫博物院联合中央电视台共同出品了三档大型纪录片，其中《我在故宫修文物》的播出在社会上产生巨大反响，它描述了文物修复工作的艰苦与不易，传扬了中国人的工匠精神[3]。

案例2：电视综艺营销。

案例3：故宫回声漫画。

（四）跨界合作营销

服装在跨界合作营销中有很多案例，如李宁将《人民日报》的新闻印在了衣服上；Chanel出过约1300美元的回旋镖[4]。

---

❶ 黄莹，王勇．故宫淘宝的华丽转身——新媒体背景下的文创品牌整合营销案例分析[J]．改革与开放，2018（4）：13-14．

❷ 来伊份.品牌年轻化，来伊份的差异化探索之路[J]．声屏世界·广告人，2019（5）：82-83．

❸ 孙肖．新媒体背景下故宫文创的整合营销策略分析[J]．技术与市场，2019，26（5）：212-213．

❹ 李志军．跨界营销[J]．中国服饰，2019（6）：72-73．

（五）价值观营销

“悦活”品牌从诞生之初便以乐活作为自己的品牌精髓，并将乐活主义贯彻到“悦活”的每一个产品和文化理念中，全面打造“生活态度”。锤子科技在京东商城曾经发布一组比较有意思的海报，这批海报多数人看了之后一头雾水，而一些人则在这组海报中看到了其蕴含的价值[1]。此组海报通过呈现世界上第一位马拉松冠军的形象，巧妙地揭示了“史上第一超长待机”的理念；通过胶囊专利图稿表达了“超强防水＋空气垫防摔”的概念；通过单列步兵完败骑兵表示“One Step”大提升的意思；通过双管猎枪彰显了手机双摄完美呈现的特征；而最后十项全能达人的图片则含蓄地表示了这是一款十项全能的手机。这种具有内涵的营销模式，就是较为经典的价值观营销。通过独具一格的模式，彰显了自己是一款有价值的手机，进而扩大了受众的感召力，也有效地制造了话题。

（六）“IP”营销

可口可乐通过“IP”营销，将互动营销和跨界营销下产生的新的精神和文化的要素凝聚到品牌“IP”中，再通过新的“IP”营销活动，将新的品牌“IP”及文化传播出去，这样往复循环，将可口可乐从一个简单的饮料产品，变成一个符号标签，一个时尚符号、文化符号乃至生活符号[2]。

（七）口碑营销

《流浪地球》是目前中国最火爆的科幻文学“IP”，有着众多粉丝群体，改编成电影后，可以在已有的粉丝基础上吸引更多的观众进入影院，因此在未上映之前就存在着一定的口碑基础[3]。

（八）事件营销

诸如在苹果新品发布、超级月亮、人类首张黑洞照片这些社会性事件上，来伊份也充分发挥了品牌的“娱乐精神”。其通过一种新闻嗅觉，将自身产品与社会热点相结合，先后将天天坚果、来伊份甜甜圈等零食推到了“网红”位置。结合当下的热点事件，进行产品的内容营销。

第四节　时尚事件营销

一、时尚事件营销的定义

（一）时尚营销

从狭义上讲，时尚营销就是企业从消费需求出发，运用时尚化的方法对时尚产品进行高

---

❶ 陈复会．社交媒体环境下的企业市场营销及其创新[J]．企业改革与管理，2018（14）：92-93．
❷ 谢俊陶．可口可乐的品牌IP营销分析[J]．大众文艺，2018（17）：155-156．
❸ 李纯辉．基于《流浪地球》的电影口碑营销成功要素探讨[J]．现代商贸工业，2019，40（21）：67-70．

品质的营销[1]。从广义上讲，就是塑造引领时尚化生活的价值观，通过营销行为传递品牌形象。时尚营销源自人们对美的追求，同时也能满足消费者追求时尚的心理[2]。在现代商品社会，时尚营销多表现为一种品牌营销[3]。

（二）事件营销

事件营销主要是企业为了实现其既定的目标，有计划地利用特定事件展开的营销活动[4]。根据不同的营销手段，事件营销分为借势营销和造势营销两种类型[5]。根据不同的事件性质，事件营销可以分为借用重大事件营销、借用关注度营销、借用公益活动营销、借用社会问题营销和营造事件营销五种类型[6]。

（三）时尚事件营销

时尚事件营销根据其营销的内容和方式又有很多具体的分类，如公益事件营销、企业事件营销、网络事件营销等。综合上述对时尚营销和事件营销的定义，时尚事件营销主要指企业通过策划、组织和利用时尚人物或事件而展开的一系列营销活动，其目的是引起公众与媒体的兴趣与关注，树立良好的品牌形象。

时尚事件营销主要具有以下特点：

1. 营造美感

与传统事件营销相比，时尚事件营销融入了更多时尚元素与形式，使得营销本身更具有美感，并且它以消费者需求为出发点，更具有感性的人文关怀。

2. 塑造品牌形象

时尚事件营销作为新的营销时尚，关注点已经转向品牌而非产品，为品牌塑造独特良好的品牌形象是时尚事件营销的重要理念。

3. 创造消费者潜在需求

时尚事件营销不仅要满足消费者未能被满足的需求，还要创造消费者未被发现的潜在需求。

4. 输出价值观

时尚事件营销不仅实现了利润增长的目的，更重要的是它可以通过时间输出一种品牌价值观。

二、时尚事件营销的运营模式

时尚事件营销包括确定目标事件、确定营销定位、采取营销方案、强化活动对象、控制营

---

[1] 于翠翠．浅谈新时期下的时尚营销[J]．现代营销（学苑版），2012（10）：60-61．
[2] 易金翠，赵先辉．略论商业银行时尚营销[J]．广西商业高等专科学校学报，2005（4）：39-42．
[3] 尹庚午．论本土护肤品老品牌的时尚营销策略[J]．中国广告，2015（6）：129-132．
[4] 陆苗．企业事件营销实施关键成功因素研究：多案例分析[D]．重庆：西南政法大学，2014．
[5] 邱立波．如何借助事件营销提升企业品牌形象[J]．新闻界，2010（1）：176-177．
[6] 豆均林．事件营销的类型及运作策略[J]．经济与社会发展，2004（10）：42-45．

销过程和反馈营销结果六个方面[1]。时尚事件营销的模式主要分为主动和被动两种方式，即造势营销和借势营销[2]。

（一）主动模式

时尚事件营销中的主动模式即造势营销，主要指企业应用独特的事件，主动制造时尚事件来达到营销的目的。例如，企业通过某一个自发活动、仪式或者其他方式，阶段性地聚集并扩散其事件的影响力，造就阶段性的品牌形象不断传播。此种模式主要包括时尚品牌联名、时尚周、粉丝互动活动等形式。造势营销要明确事件的受众与本品牌的目标人群是否一致，还要明确是否能吸引目标人群的注意力，评估造势效果，把控整个事件在传播过程中的走向，避免负面风险。

（二）被动模式

被动模式即借势营销，也是时尚事件营销中比较常见的一种营销模式，是指时尚企业借助或介入现有的热点事件进行营销活动，常见的手段主要包括借助明星效应、利用体育赛事、借助新闻事件等。借势营销与造势营销不同，关键在于合理地整合现有的资源，而且企业要有大局意识，让现有的事件“为我所用”。发掘自身与事件之间的共同点，让消费者产生恰当的联想，才能与目标事件一起发力，充分树立良好的品牌和公众形象。

三、时尚事件营销方式

运用时尚事件营销的关键在于选择合适的事件进行营销，在策划事件营销时，要注重方式、事件和时机[3]。时尚事件营销根据事件的选择主要分为时尚品牌事件、时尚产品事件、时尚名人事件、时尚新闻事件。

（一）时尚品牌事件

时尚品牌事件营销主要是利用品牌事件进行营销的一种方式。由于不同的品牌都具有不同的特点和形象，企业不断创造品牌热度和时尚感，设计独特的品牌店面陈列和视觉效果，参与发布会和时尚圈，与其他品牌联名合作，都可以将自己的品牌推向时尚的风口浪尖，达到很好的事件营销效果。

（二）时尚产品事件

时尚产品事件营销是围绕产品展开的一系列事件营销活动。将产品纳入某一事件或活动中，让大众在接触和了解事件的同时对产品有更深的印象。例如牛油果的炒作，水果商借助“科研机构营养成分分析”“时尚食物圈新宠儿”将平民食物牛油果推向了“超级食物”的行

---

❶ 刘小凤，聂富强．基于事件营销的高校图书馆信息素养教育营销策略研究——以西南财经大学信息素养大赛为例[J]．情报科学，2018，36（12）：150-155．

❷ 李欣．借势与造势——事件营销模式浅谈[J]．通信企业管理，2005（3）：17-18．

❸ 邱立波．如何借助事件营销提升企业品牌形象[J]．新闻界，2010（1）：176-177．

列。又如崂山白花蛇草水的“自黑营销”，该产品通过标榜自己“难喝”进行各种事件营销，通过大量媒体来进行事件传播，达到了很好的营销效果。

（三）时尚名人事件

现如今名人形象已与品牌形象深度捆绑。因此给代言人一个恰当的人设，是所有公司营销的必修课。时尚名人事件营销主要是借助名人效应给品牌增加附加值的一种营销手段，这种方式往往能够利用粉丝的热情赢得消费者的追捧。但要注意名人事件的负面性以及风险性，规避风险，使事件朝着预期可控的方向发展。

（四）时尚新闻事件

时尚新闻事件营销主要是利用借势，即把热点事件的高关注度转移到自身上来。当然也可以造势，即创造一个新的概念，通过新闻舆论引发群体关注和追捧。在移动互联网时代背景下，新闻资讯获取的便捷性，使得新闻很容易被大众所知。企业利用社会上有价值、有影响力的新闻，不失时宜地将其与品牌联系在一起，借助新闻良好的传播效果，借力发力达到营销目的。

第五节　时尚数字化营销

一、时尚数字化营销的定义

数字化营销是利用数字交互式媒体和数字化技术手段来推广产品和服务，帮助企业低成本、高效率、精准化获客的一种新型营销方式。其推动因素就是消费主权和技术赋能时代的到来。它不仅包含网络营销技术和互联网沟通平台，还包含了诸如电视、广播、手机短信等非网络渠道。而时尚数字化营销是以时尚产业背景为基础，利用数字化技术手段和数字传播渠道对时尚产品、服务及理念进行推广传播以实现营销目标的一种营销方式。

时尚数字化营销的优势在于利用先进的计算机技术明确数据库对象，再通过数字化多媒体渠道实现营销精准化、营销效果数据化且可量化，将营销信息高效传播并大大节省推广成本。时尚数字化营销的特点主要有以下四项。

（一）传播形式多样化

在信息技术不断发展的时代背景下，信息产品覆盖面广、传递形式丰富的特点成为时尚数字化营销形式多样性的基础。其中主要包含网络媒体、移动媒体、平面广告、广播、电视等。

（二）广域性和即时性

时尚数字化营销活动突破了地域空间的限制，使跨区域甚至跨国传播成为可能。另外，借助IT技术诞生的数字化营销能够打破时间限制，传输迅速便捷，可高效、及时地进行营销传播。

（三）互动性和体验性

近年来，时尚数字化营销突出的特性之一是与消费者的交流与互动，它源于互联网交互性平台的特性。这种互动式的营销，因能够快速提供给消费者所需信息而受到信息反馈需求量大的人群青睐。另外，互动形式多样且趣味性强的特点，能够有效提升消费者的参与度从而提高用户的体验感。

（四）投放精准化

在大数据时代下的时尚数字化营销，能够依据消费者行为方式、爱好、消费习惯等属性描绘准确的用户画像，进行信息投放，实现精准的个性化营销。通过构筑消费者信息数据库，营销人员可有效搜索客户资源，对目标群体进行分类整理，以建立营销方所投放信息与顾客需求间的一致性。消费者的每一次对营销信息的关注（包括网页点击、现场咨询、互动评论等）都能够被记录下来，经过对数据的深度挖掘和分析，可以为后期的营销选择更合适的投放平台和投放形式，以达到精准营销的目的。

数字化营销增加了倾听客户声音的机会，帮助营销方增强对客户的了解，有效提高营销方对客户需求的反应速度，将销售渠道、利益点、品牌产品信息和消费者的购买流程整合在一起，贯彻了客户关系管理的哲学。

二、时尚数字化营销的运营模式

时尚数字化营销的运营模式包含以下三项主要流程。

（一）客户数据的积累

客户数据的积累是开展数字化营销的基础，营销人员依据目标人群的定位，利用线上反馈资料和线下活动线索等深度挖掘客户需求、深刻洞察消费者喜好，为后续过程做好准备工作。

（二）精准匹配客户需求

精准匹配客户需求通常利用人工智能技术，以客户分析数据为基础线索，实现优质投放内容与客户行为、喜好的精准匹配。

（三）多样化营销形式

利用多样化营销形式，将优质投放内容通过数字化渠道传递给精准匹配的客户群体。通过事件营销、热点营销、内容创意和整合等形式，深击消费者关注重点，以产生高关注度、高吸引力、高流量引入的营销特点，从而提升流量转化率，实现营销价值的变现。

三、时尚数字化营销的方式

（一）数字化营销

信息技术高速发展、信息化产品的高度普及形成了时尚数字化营销形式的多样性，按照传播形态来分可将其分为电子媒介、定点媒介、网络媒介、移动媒介四大类。

1. 电子媒介

在数字化营销背景下的电子媒介主要指图声并茂的电视媒介。电视具有能够通过视听感官接触吸引用户的注意力，以生动、直观的形式丰富感官体验。相对于传统的平面传播媒介，电视媒介极大提高了信息的传递效率与效果，且由于用户可主动选择观看的电视节目或广告，人群针对性较强。市场占有度高的优势使得以电视媒介成为重要的数字化营销载体。近年来，时尚营销不再局限于单一投放电视广告，而是利用综艺节目的形式更为全面和详细地传递时尚信息、时尚知识和精神，规避传统“硬性”接受的广告方式，通过在节目中进行产品植入和产品推荐引导消费者关注时尚产品和品牌，培养忠实的客户群体。如安徽卫视推出的《美丽俏佳人》节目，通过分享护肤、美妆、时尚穿搭和时尚流行资讯等方式，向热爱时尚的观众推荐相关的时尚产品和时尚品牌，观众还可通过与该节目合作的有关网站进行购买。通过观众主动收看的方式能够有效筛选出目标群体，有效提高收视流量向营销价值的转化率。

2. 定点媒介

定点媒介是指在户外固定地点（如地铁、楼宇、广场、电梯内等）利用液晶显示屏、Led显示屏等呈现营销信息的媒介载体。营销人员可根据地点的不同投放相应内容，通过调研访问等方式将投放范围内的人群特征进行清晰化，使得内容覆盖更为精确，提高营销内容与目标人群匹配的精准度，保证内容投入的有效性。例如，时尚奢侈品牌通常选择高档商场或商圈播放当季产品宣传片，而将目标消费人群定位为中等收入人群的品牌通常会选择在地铁站、公交车站投放宣传内容。

3. 网络媒介

网络媒介即指依托互联网进行一系列营销活动时的主要信息载体，包括网页、邮件、社交媒体等一切以互联网呈现的信息渠道。该媒介的优势在于，一方面信息覆盖面广，不会受到时间或者地域的限制，只要有网络，用户在任何一个地方都能够接收到信息。一旦进行投放，信息有效时间长，用户只需要搜索相关信息便可获取。另一方面，该媒介可快速进行营销信息的传播，并能够及时获得反馈及修正，它能够帮助营销人员制定更有针对性的举措。另外，通过网络渠道可以有效记录用户数据，便于进行用户数据分析和挖掘，以便更正和制定更为符合消费者喜好的营销方式和信息内容。如今，不论是极具风格的时尚奢侈品牌还是富有亲和力的大众时尚品牌，又或是小众另类品牌，几乎都开设了品牌官方网站，借助互联网渠道结合数字化营销手段发展与品牌产生共鸣的忠实客户群体。

4. 移动媒介

移动媒介具有与网络媒介相似的特征，且区分界限并不明显，但比起网络媒介，其互动性更强、形式更为新颖。移动媒介主要通过微信、微博、淘宝、小红书等具有社群性质的应用端进行信息的传递。营销人员通过发布产品或品牌相关推文、图片、视频或游戏引发与消费者之间的互动、交流，引起消费者与品牌或产品间某种程度上的情感共鸣，强化营销过程传递的内容。

（二）数字化营销新兴方式

通过以上四种媒介，进行时尚数字化营销的新兴方式主要有如下三种。

1. 短视频营销

短视频凭着短而精的特性，成为目前营销领域采用的热门方式。对于时尚品牌来说，进行信息传递时品牌内容建设的常态化，视频创意的简洁性、原生性，以及语境的适配性和传递内容的品质感都是考虑的重点。短视频营销的目的在于，通过结合自身产品与消费者的需求点进行创作，将短视频打造成品牌与消费者沟通的社交语言。

2. 富有特色的内容创意营销

当下时代信息技术的发展为人们营造了一种突出知识化、个性化的消费氛围，人们的消费观念发生了较大的变化。消费者不再是一种满足“他人眼中的我”的消费模式，而是转变成了“合乎本我需求”的消费方式，即更关注自身个性和需求。在这种趋势下要求营销内容有更高的可读性，即通过内容创意建立与消费者情感共鸣的场景，将品牌的商品信息转化为对消费有价值的信息，以能够适配消费者群体生活形态的内容和创意营销。

3. 虚实结合的营销

近年来，虚实结合的沉浸式营销概念已逐渐步入大众视野，并取得了较高的评价。“虚”是指互联网技术及数字化技术，“实”主要是指现实世界。利用虚实结合的方式，打破传统单一的线下或是线上模式。将营销重点转移为利用线上、线下一体化模式营造时尚品牌文化体验氛围。对于追求精致生活的时尚人群而言，时尚营销不仅要展示产品的功能，更重要的是要让时尚消费者与产品、品牌理念建立情感上的联系。例如，香水品牌蒂普提克（Diptyque）于2019年在上海举办的香氛艺术展，使用花海、丛林等的场景布置和陈列展现了不同香氛呈现的意境。同时，装置了电子播放屏幕，以数字化手段向观众展示呈现了品牌历史和文化，以及香水创作历程和相关知识。通过虚实结合的展示方式，为观众带来一场融汇视觉、嗅觉的香氛感官盛宴。

（三）经典案例分析

1. 微信平台

时尚品牌在微信平台进行营销活动的方式可以分为用户主动接受和被动接受两种。

（1）主动接受。主动接受的方式需要消费者主动关注品牌公众号，品牌方可根据营销目标进行相应的内容创作和推送。另外，还可直接设置购物外接小程序，在传递品牌信息的同时为消费者带来更为便捷的购物环节。

（2）被动接受。被动接受的方式主要是利用对微信朋友圈进行广告投放。通过对微信用户的浏览爱好、浏览习惯以及年龄阶段的分析，可将品牌广告准确投放给目标消费群体。

例如，时尚品牌通过筛选标准的目标群体推送专门广告。通过在广告内容中设置互动小游戏，完成游戏的用户将有机会获得精美礼品。此类小游戏的环节不仅吸引了消费者的参与，同时将品牌信息和新产品信息更为生动和全面地传递给受众，使人们在参与的过程中无意识地了解品牌相关知识。该种数字化营销形式在传播品牌信息的同时无形中提升了消费者对品牌的正向情感。

2. 小红书

小红书是以分享型社区与跨界电商相结合的新型营销的平台。在用户浏览他人分享的各种商品、经历和体验时，可以通过小红书线上商城购买相关商品。与单一的社交媒体或电商平台不同，小红书的优势体现在分众化的市场定位、结构化的数据内容和多元化的应用平台上。

目前小红书的消费群体大多集中在18~30岁，以学生和白领居多，用户中女性占70%~80%。因此，小红书中的内容投放多是与时尚穿搭、美妆、摄影等相关。同时，根据用户浏览习惯和搜索内容，实时更新推介内容，保证传递内容符合用户喜好，实现内容分众化投放，达到更为精准的营销效果。

另外，小红书传递的内容具有结构化特征。用户在分享购物心得和体验时，不局限于文字，还可上传图片、视频，编辑文章中可包括商品名称、品类、价格以及购物地点等，使其他用户能够直观、清晰地了解和获取相关商品信息。同时，还能够与分享者进行线上互动，进一步咨询相关信息。许多时尚品牌瞄准了这种以推荐形式进行营销的商机，纷纷邀请明星、网络主播等分享品牌产品使用经历。明星代言常导致产品断货，这背后的潜藏价值和盈利曝光可见一斑。

小红书给消费者提供了一个分享时尚产品经验的社区和收集产品信息的途径，帮助用户作出购买判断，明确其想要购买的商品。通过虚拟购物社区积累的大量用户数据，对用户产品分享文章种类、点赞数量、推荐商品等数据进行后台运算和人工筛选，确保采购商品行销性及与市场的适应性（图7-8）。

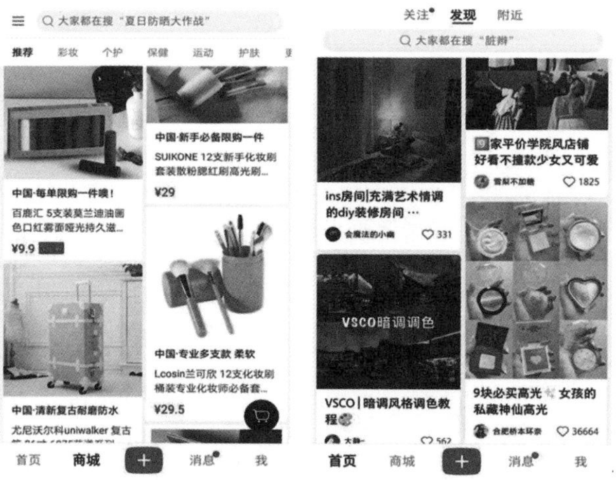

图7-8 小红书商城及主界面

第八章 时尚营销的社会经济效应

时尚营销本质上是一种营销实践活动，因其融入了时尚文化而独具特色。时尚营销价值正在被业界日益认识和关注，时尚融入营销实践活动，可以优化产业产品结构、增加有效供给，促进产业供给结构性改革，创新产业的经济增长方式，推动产业结构优化升级和经济社会持续健康发展。

本章重点阐释时尚营销对产业定位、消费文化和经济发展的关系及效应分析。

第一节 时尚营销与产业定位

一、时尚营销促进产业结构调整

产业结构体现的是产业的构成及其相互之间的比例关系。产业结构的形成源于社会分工的细化和专业化生产的发展。产业结构跟经济发展密切相关，合理的产业结构能有效配置社会资源，促进经济整体良性共进。如今，我国已经发展为门类齐全的制造大国，三次产业结构从1978年的27.7%、47.7%、24.6%调整为2018年的7.1%、40.7%、52.2%，制造业和服务业融合加深，积极融入全球产业链。虽然我国产业发展取得了巨大成就，但与产业结构高度化与高质量要求仍有不小差距。近年来，我国以供给侧结构性改革为主线，实施“三去一降一补”政策，各地区积极推动产业结构调整，重点推动产业链由低端环节向高端环节深化延伸，实现经济高质量发展。

随着中国消费者购买力的提高，中国已经成为世界上最大的时尚消费市场之一，越来越多的国际时尚品牌纷纷入驻中国商场，时尚俨然成为广泛的社会现象和消费文化，影响着中国消费者的生活，而时尚产业也被誉为未来极具发展潜力的新兴产业。时尚产业是典型的都市产业，跨越高附加值制造业与现代服务业的产业界限，是多种传统产业的组合。时尚产业涵盖品牌、文化、设计、技术、传播、服务等诸多要素，是文化与经济、艺术与技术、品牌与服务的有效结合。依据时尚产业价值链的活动顺序，时尚产业可划分为时尚设计业、时尚产品生产业和时尚营销三个互相衔接的部分。从第七章的分析可知，时尚营销位于微笑曲线的两端，属于高附加值的经济活动。时尚营销的蓬勃发展，对于我国调整和优化产业结构具有重要的意义。

（一）时尚营销可以帮助解决时尚产品的生产与消费之间的矛盾，满足生产者和消费者的需要

在商品经济条件下，社会的生产和消费之间存在着空间和时间上的分离、产品、价格、双方信息不对称等多方面的矛盾。而时尚营销的任务就是使时尚产品生产和消费的不同的需要和欲望相适应，实现生产与消费的统一。

（二）时尚营销有助于实现时尚产品的价值和增值

时尚营销通过产品创新、分销、促销、定价、服务方便和加速相互满意的交换关系，使得时尚产品中的价值和附加值得到社会的承认，从而促进消费者进行时尚消费。

（三）时尚营销有助于减少甚至避免社会资源和时尚企业资源的浪费

时尚营销从顾客需求的角度出发，根据需求条件安排生产，最大限度地减少产品无法销售的情况，尤其对于时尚产品而言，其生命周期较短，更需要提前确定消费者的需求，以避免社会资源和企业资源的浪费。

（四）时尚营销有助于满足消费者需求，提高人民的生活水平和生活质量

时尚营销活动的目标是通过各种手段最大限度地满足消费者对时尚的需求，最终提高社会总体生活水平和人民的生活质量。

时尚营销作为时尚产业中重要的组成部分，且是位于微笑曲线两端的高附加值的经济活动，在调整优化我国产业结构方面具有不可估量的作用。首先，时尚营销的发展可以推动其上下游相关传统产业向高端化、知识化、服务化的方向转型升级。当前，我国以劳动密集型为主的低端制造业面临国外需求下降、国内劳动成本上升的巨大压力，恢复传统产业的创新活力迫切需要转变发展模式，第一是从劳动密集型向技术、知识密集型转变；第二是从单一的产品层面创新向产业链集成创新转变；第三是从价格竞争向构建非价格因素的竞争优势转变。此外，当前节约资源、保护环境也成为一种潮流风尚，更多的消费者愿意购买具有绿色、生态、低碳特征的时尚产品或者服务，这也有利于传统产业向低碳、环保、可持续的方向发展。所以，时尚营销的发展有助于时尚产业整体的发展，进而推动传统产业的转型升级，建立结构优化、技术先进、清洁安全、附加值高的现代产业链。其次，时尚营销的发展有助于传统产业技术结构的调整。时尚营销可以帮助生产者了解消费者对时尚的消费需求，针对需求进行有效生产，而要不断满足消费者的需求，就必须进行技术创新。因此，时尚营销可以推动时尚产品的设计和制造的创新，进而推动整个时尚产业相关的上下游传统产业进行技术结构的调整和创新。由此可知，时尚产业的蓬勃发展将不断推动我国传统产业技术结构的调整。最后，时尚营销的发展也有助于传统产业产品结构的调整。传统产业产品的结构调整可以在一定程度上解决中低档产品的产能过剩问题，通过淘汰社会资源浪费严重、产品附加值低的部分产品，增加新产品供给，从而促进产品升级换代。

二、时尚营销改变产品生产模式

现代科技的飞速发展，知识经济时代的到来，使得人们的需求日新月异，尤其对于时尚产品而言，其更新换代的周期越来越短，多样化、个性化的市场逐渐形成。消费者越来越关注那些具有优秀的设计、合理的品质、较低价格的“时尚产品”，即性价比高的时尚产品。在当今全球激烈的市场竞争环境中，综合竞争优势（包括市场、研发、制造、组织优势等）才是企业制胜的根本。企业的综合竞争优势则表现为快速满足用户多样化、个性化的需求的能力。

在传统营销中，消费者处于整个营销过程的终端，即企业生产什么，消费者就买什么。而在市场化日益兴盛的时代，消费者的需求更偏好独具研发与设计的产品，从而推动了产品研发与品牌建设，消费者成长为市场经济活动的主体。时尚营销则是连接时尚产品生产者和消费者的桥梁，通过时尚营销活动，将消费者对产品的最新需求传达给生产者，生产者针对消费者当前的需

求进行生产，然后再将生产者生产出的产品特征、性能、价格传达给消费者。也就是说，时尚营销是将需求转换成产品的关键，也是降低生产者和消费者之间信息不对称的关键。需求转换成产品的过程要求快速且满足客户多样化、个性化的需求，必然使公司生产的产品向多品种、小批量、多批次、短周期方向发展，导致了产品实现过程的复杂度和多边形，也必然带来企业整个生产模式（需求—设计—制造—销售与服务）的变革，使之具有高效率和高柔性的功能。

此外，时尚营销的发展，对于推动消费升级、改变消费者的消费模式也具有重要的影响。近几年来，人们的生活水平不断提高，价值观念和生活方式发生了变化，由此也加速了消费观念、消费方式的改变以及消费结构的升级[1]。现如今，中高收入消费者不仅在商品内在质量上变得更加“挑剔”了，而且越来越注重商品的外在形式美，要求商品必须符合他们的情感和心理认同，他们的消费行为带有明显的追新潮、赶时髦、讲品位的意味。由于中高收入消费者的收入是持续增长的，因此他们的消费观念也表现出与低收入消费者截然不同的特点：他们不仅要求商品能够在实用性方面满足自己的需求，还要求商品能让人在使用和观赏中获得精神的愉悦与心理的满足，他们希望商品的色彩和造型显示出形式美，能给人带来非同一般的美感享受。最明显的是在衣、食、住、行方面都要求有形式美的装点。在穿的方面，他们不仅要求衣服遮体保暖、舒适合身，更要求它色泽美观、款式新颖，即具有时尚性。尽管他们已经有了很多套不同季节的服装，但仍然不断购买新潮时装，这说明他们对服装的审美要求已超过了对服装的实用要求。时尚营销可以帮助生产者快速了解这些消费者的消费意愿和要求，从而生产出能够满足消费者要求的具有时尚性质的产品，创造更多的增加值和利润的同时推动消费升级。

三、时尚营销影响企业商业模式

现今随着科技的进步，市场需求瞬息万变，企业要竞争求胜，商业模式创新尤为重要。著名管理学家彼得·德鲁克（Peter F. Drucker）认为：“当今企业之间的竞争，不是产品之间的竞争，而是商业模式之间的竞争。”时尚营销作为一种新兴的营销手段，必然会对企业的商业模式产生一定的影响。

虽然“商业模式”一词很早就已出现，近年来也普遍受到关注，但迄今为止对商业模式的概念尚未形成共识。众多学者的商业模式定义包括了经济类、运营类、战略类、整合类等，从产业实践的角度，商业模式可定义为企业如何通过创造顾客价值、建立内部结构，以及与伙伴形成网络关系来开拓市场[2]。虽然迄今为止不同的学者对商业模式要素的构成仍然存在不同意见，但大多数学者都认同产品（或价值主张）、目标客户、供应链（或伙伴关系）以及成本与

---

❶ 温梦，陈建伟．快时尚服饰产品对非理性消费行为的影响[J]．服装学报，2018，3（2）：183-188．

❷ 王炳成，闫晓飞，张士强，等．商业模式创新过程构建与机理：基于扎根理论的研究[J]．管理评论，2020，32（6）：127-137．

收益模式是商业模式的核心构成要素。魏炜、朱武祥在研究诸多商业模式概念的基础上提出了商业模式的实质是“利益相关者的交易结构”，并给出了商业模式的框架，这个商业模式构架包含了定位、业务系统、关键资源能力、现金流结构、盈利模式和企业价值等六个要素[1]。

（一）定位

企业要想在激烈的竞争市场中获得一席之地，就必须先明确自身的定位。定位决定了企业提供了什么特征的产品和服务来实现顾客的价值，是时尚企业商业模式的起点。在定位理论和文献中，最具代表性的有波特、特劳特和科特勒分别对定位的不同理解。波特的定位理论强调企业选择应该做什么，主要关注企业在公司层面的发展；特劳特的定位概念则聚焦于企业具体的产品和服务层面；科特勒的定位则构成了STP营销战略中的一环，定位成为营销的核心工作。商业模式的定位吸收综合了以上定位的精髓，建立了战略层面和执行层面更直接、具体的联系。时尚营销可以帮助时尚企业进行较为准确的定位，如确定进入什么样的市场、为顾客提供什么样的产品和服务。一方面，时尚营销可以帮助时尚企业选择适当的时尚人群作为自己的目标市场，并且在推出新的时尚产品时，将关于该时尚产品的信息以最快的速度传递给目标客户。例如，ZARA将目标客户定位为市场中低收入、时尚的快速追随者，从而创立了快时尚的商业模式。另一方面，当企业创新时尚概念后，时尚营销也可以将这种新的概念传递给外界，从而确定企业新的定位。比如，服装设计师们通过对流行趋势的判断，创新推出时尚服饰概念，然后将时尚概念通过故事、符合和象征元素综合在时尚设计理念中并推出时尚服饰样品，从而吸引那些对时尚较为关注的消费者。

（二）业务系统

业务系统是指企业达成定位所需要的业务环节，包含行业价值链和企业内部价值链两个层面，涉及各个合作伙伴形成的综合性的价值网络，它是商业模式的核心。时尚产业价值链包含了研发—设计—加工制造—展示—体验—销售—品牌塑造等主体架构环节，我国目前主要停留在生产制造等低附加值环节，因此要想获取更大的利润、赢得更好的发展，我国时尚产业的发展必然要转向研发、设计、营销等高附加值环节。例如，建立时尚公会，发挥其组织作用；通过大力发展会展业实现时尚产品展示多样化等，将企业内部和外部的合作伙伴进行整合，实现业务系统的结构优化。

业务系统构建了企业运营需要的活动体系，与之相对应地，则需要掌握和使用一系列的有形和无形的技术和能力，这些构成了企业的关键资源能力。也就是说，时尚企业需要把重心放在那些能够提供高附加值的环节中，从而提高企业的商业模式价值。例如品牌能力，品牌是影响时尚市场最直接的无形资产，其形成的时尚资本足以对消费者的态度和行为产生巨大的影

[1] 魏炜，朱武祥. 发现商业模式[M]. 北京：机械工业出版社，2009.

响。同时，时尚营销的发展对企业盈利模式、现金流结构和企业价值都具有一定的影响。时尚营销属于价值链两端的高附加值环节，可以帮助企业获得比加工制造环节更多的利润，从而有利于提升企业价值；时尚营销并不像传统企业那样倾向于选择重资产模式，如自办工厂，初始投资规模大且现金流回收缓慢，时尚营销有利于企业转向轻资产模式，提高企业抗风险能力。

第二节　时尚营销与消费文化

一、时尚营销推动时尚消费理念的传播

在消费升级的背景下，时尚消费已经突破奢侈品消费和高端消费的界限，由单一领域向多元跨界；由物质消费向精神消费；由生活质量向生活态度转变，人民大众对美好生活的向往充分体现在时尚消费理念上。时尚产业的跨界融合推动了业态创新和产品创新，时尚消费延展到文化创意、影视音乐、动漫游戏、旅游休闲、生活家居等方方面面。消费者更加追求品牌背后的故事、品牌塑造的精神，想要吸引消费者，讲好一个故事越来越重要。时尚消费更多地体现在生活态度和生活方式上，如一个星巴克的猫爪杯、一卷故宫的纸胶带，这些掀起了销售狂潮的生活小物件，正是消费者对时尚生活的细致追求。而要将这些品牌背后的故事、品牌塑造的精神传递给消费者，时尚营销在其中发挥着越来越重要的作用。

（一）时尚营销推动时尚消费的方式

消费者进行时尚消费，就必须对时尚的信息、时尚的概念以及时尚的风格进行有效的辨认，而时尚营销则可以帮助消费者获得这种能力。

第一，企业在营销中注入新的时尚元素，以及在产品创新中融入时尚概念，就能较为直接地将时尚信息传递给消费者。第二，企业在品牌元素中，需要随时融入消费者的需求，一成不变只能让企业与消费者产生距离，因为消费者渴望在自己的生活中享受更多的时尚元素，这样会让他们觉得物超所值。第三，在时尚营销中通过终端对消费者进行辅导，通过广告、促销等方式对新的产品概念进行引导，可以帮助消费者尽快接受这些新的时尚。

（二）时尚营销推动可持续消费

随着人们对于创新时尚生活方式的关注，消费者对于绿色消费和环保消费的认同度也越来越高，环保也越来越明显地体现在时尚的元素当中，包括对于自然的重新关注、对于人与自然的关系的再思考、对于减少污染循环利用的身体力行、对于健康生活方式的提倡等，都会从各个方面重新塑造时尚的产品设计和营销理念。斯黛拉·麦卡妮（Stella McCartney）与阿迪达斯（Adidas）合作推出的ultraBoost X Parley Sneaker，其制作原料——塑料聚酯纤维全部都是

由海洋垃圾制作而成，且在一年内达到一百多万双的惊人销量；李维斯（Levis）用激光在牛仔裤上做出各种磨损效果来减少由于化学物质的添加导致的生产过程的污染。环保主义倡导开创了“可持续时尚”，这是一种慢时尚，其中包括很多快时尚品牌都开始倡导环保公益的行动来更好地和消费者在“责任”层面进行沟通，而要保证这种沟通的顺利进行，就需要时尚营销。将“可持续时尚”的消费理念传达给消费者，让消费者接受并参与到“可持续时尚”中。

（三）时尚营销推动轻奢消费

轻奢概念的推广，众所周知，奢侈品的价格非常高昂，并不是每一位消费者都能负担得起的，高昂的价格阻碍了那些负担不起的消费者参与到这种时尚中。而轻奢产业则开辟了奢侈品行业的新市场，在价格和品质之间找到一个平衡点，传播一种“购得着的时尚”消费理念。以意大利轻奢品牌芙拉（Furla）为例，其能进入5亿欧元俱乐部，就得益于其高性价比，成功获得消费者的青睐。现如今，轻奢化已成为一种更生活化的混搭，让人既可以随时随地感受到时尚，又可以给人带来舒服、特别的体验。

二、时尚营销渗透着时尚消费观念的传播

时尚营销不仅可以促进新的时尚观点的传播，而且渗透在时尚消费观念的传播之中。传统的市场营销观点认为，企业应首先选择目标市场，针对目标市场的消费者需要开发相应的产品，然后利用各种促销推广手段让消费者认识品牌和产品。实际工作重点在于找准适销对路的产品，以及与目标顾客沟通相关信息。虽然时尚产品的营销人员仍然需要处理这两项工作，但仅做到这些已经远远不够，时尚产品的新奇性和短生命周期性都决定了企业的营销人员必须紧跟消费者的时尚需求，甚至超前创造出消费者自己可能都没有意识到的消费需求。时尚企业不仅是营销它们的时尚产品和服务，而且要进入消费者的世界，与消费者沟通，了解消费者的需求。时尚营销充分结合时尚、情感、体验这三者进行联系与互动，通过人性化的营销，努力营造同目标消费群体良性的互动关系，建立牢固的忠诚消费者群体，并能及时分析出消费者的需求，然后开发出需求的产品并说服消费者购买。

三、时尚营销引领时尚生活方式传播

（一）生活方式引领时尚营销的方向

生活方式作为一种消费的模式，或者消费的态度，指的是人们通过选择某种特别范围的商品和他们接下来在使用这些商品的过程中寻求展示他们个性和对于某种风格的感觉的途径。个人积极地运用消费商品——衣服、房间、家具、室内装修、汽车、假期、食品和饮品等，以及其他文化商品，如音乐、电影和艺术，通过这些使用显示品位或者对风格的感觉。实际上，消费作为一种行为过程，所形成的长期、稳定的习惯性生活方式就是生活习惯，具有地位聚合的

能力。生活方式是现代社会独有的地位聚合的形式。这种聚合方式的现代性在于，通过生活方式，群体成员所享有的地位不像过去那样完全通过他们的职业或者共同享有的特权而产生，而更多地通过他们如何使用这些特权和资源。生活方式因此通常被认为基于消费而不是作为传统的阶层结构的基础的生产组织[1]。

（二）时尚营销引领消费潮流

时尚营销可以向消费者传递出近来流行的时尚，即告诉消费者当前时尚消费的最前沿趋势是什么。它在迎合受众需要的同时，又不断影响着受众的消费倾向和生活方式。随着国内消费者可支配收入的攀升和数字化带来的消费动力，国内消费者对时尚消费的渴望越来越强烈。而时尚营销可以向消费者展示某一时尚群体的生活方式，正好恰如其分地回应了这种渴望。消费者们有着各种各样的职业，在社会发展的进程中扮演着各种不同的角色，并且分布在各种职业群体之中，由于经历和社会背景不同，成员之间存在很大的差异，在很多方面还没有形成稳定的、为大家所共同接受的共识，如兴趣习惯、消费观念和生活方式等。时尚营销则可以向这些消费者展示某一种时尚，这些消费者通过消费时尚联结在一起，从而成为一个群体。

第三节　时尚营销与经济发展

一、时尚营销推动消费模式的升级

（一）时尚营销的核心价值与经济背景

时尚是消费者进入某个“时髦社会圈”的门票，能否深入了解消费者行为，寻找到驱动消费行为的时尚力量和元素，是考察企业营销能力和水准的重要因素。中国将在不久的将来成为最大的奢侈品市场，而这其中，“时尚”是最为核心的词语。时尚价值是消费者追求的基本价值之一，当营销注入时尚元素的时候，便拥有了更多的文化含量和艺术氛围，这也就意味着能在消费者的头脑中打上更深的烙印。

时尚营销是经济发展到一定阶段的产物。时尚营销与较高的经济发展水平相伴而生。一般而言，人均GDP在5000美元左右是一个国家整个时尚产业发展的黄金期，也是时尚营销发展的黄金期。一个国家的经济水平一方面决定了社会的开放程度，另一方面也决定了消费者受教育程度与文化水平。社会氛围越开放，各个时尚企业可吸收的时尚因素就越多，时尚产品的创

---

[1] 李强．中国中等收入阶层的构成[J]．湖南师范大学社会科学学报，2003（4）：7-9．

新程度就越高，时尚产业就越能吸引来自世界各地的资金和人才[1]。

（二）时尚营销与消费者需求的关系

从消费者需求角度来看，消费者的消费内容可以分为三类：生存性消费、发展性消费和享乐性消费。在这三类消费形式中，享乐性消费和发展性消费为较高层次消费，消费者更注重消费的过程以及消费所带来的心理、精神层面的消费体验。而时尚营销的发展则可以满足上述消费者的消费需求，将文化、品牌、营销的关系联结起来，为消费者创造独特的价值。在时尚营销的引领下，消费者能够迅速了解时尚以及时尚产品，满足自己的消费欲望，推动消费升级。

时尚营销与消费有着密切的联系。如前文所述，时尚营销的核心精髓突出体现为三个金三角关系：一是在营销理念上的文化、品牌、营销的联动关系；二是在营销战略上的定位、设计、传播的联动关系；三是在营销元素上的时尚、情感、体验的联动关系。文化、品牌、营销的关系最终归结为一点：为消费者创造独特价值。其根本目的还是在于吸引消费者的注意力，使得消费者对某种时尚产品或服务感兴趣，进而愿意花钱去购买这种时尚产品或服务。

时尚营销的发展对于刺激消费者消费需求、扩大消费市场和促进消费升级有着积极意义。从市场的角度来看，时尚营销始终面向消费者和终端客户，时刻体现市场和文化紧密结合的特点，真正将时尚带进消费者的生活之中。时尚营销正是将包含一切与生活息息相关的、展现流行与个性相结合的所有产品和服务介绍给那些潜在客户。时尚营销要为消费者服务，生活价值是商品价值的基础，时尚作为人类的一种自我表达，它也要为消费者服务，为消费者创造一种生活方式。如果说，时尚出自设计者（生产者）之手的话，那么时尚必须来自消费，时尚必须迎合消费市场和消费需求。而在这个过程中，时尚营销发挥着至关重要的作用，是连接时尚和消费者的桥梁。

（三）中国时尚产业发展与消费者需求变迁

近年来，我国经济高速发展，消费者购买力不断提高，对物质的需求已不仅满足于日常需要，而逐步向时尚产品转变，当今的中国已成为时尚产品消费最大的市场。时尚在百姓的日常生活中扮演着越来越重要的角色，时尚消费不仅是一种社会现象，还是一种文化，时尚消费正通过各种渠道、媒体融入大众，影响人们的生活。时尚已经不再是小众化的偏好，而是大众化的需求。加入WTO之后，越来越多的时尚产品逐渐进入国内市场，时尚产业在我国已成为一个富有发展潜力的产业。而随着对时尚产品的不断接触，我国消费者对时尚产品已经从初接触时的新鲜、好奇，逐渐转变为今天的客观、理性，购买需求也从当初的单一注重质量，转变为更多地关注产品品牌、设计等方面。中国的时尚产业，如果想要获得更高的利润分成，要么能处于整个产业链的高端，即时尚产品的设计，要么进入产业链的终端，即时尚营销。

---

[1] 杨大筠．“SPA模式”解读系列之一：认识服饰业快速盈利模式——SPA[J]．中国服饰，2010（8）：15.

（四）世界时尚城市是时尚营销的聚集地

从世界范围来看，那些时尚产业发达的城市，同时也是时尚营销发展得比较好的城市。这些时尚城市往往也是消费城市，世界上没有哪个制造业基地被称为消费之都，如纽约、巴黎、伦敦、米兰、东京等。这些城市的时尚业始终占据着时尚产业链的两端——时尚设计和时尚营销。在科技与经济快速发展的今天，时尚产业发达的城市，往往成为人们的消费天堂。因为这些时尚城市拥有世界上最顶尖的时尚品牌和最时尚的气息，而这些信息均是通过时尚营销向外界传递的。以时装周为例，每年在全球各地举办的时装周有很多，其中影响力最大的就是四大时装周——巴黎时装周、纽约时装周、米兰时装周和伦敦时装周。四大时装周一直是行业内的时尚风向标，每年都会有两场集视觉、文化、个性于一体的时装周盛宴。巴黎时装周起源于1910年，由法国时装协会举办。最为出名且历史悠久，自带法国浪漫唯美的优雅格调及艺术气质，有路易·威登、香奈尔等经典品牌，这是其他时装周不可比拟的优势。不得不说，在巴黎时装周上，时装秀各式各样的品牌，混合着独立新潮的设计会不断冲击着人们的视觉，特别是老佛爷带领下的香奈尔品牌，每次举办的秀都有所创新。时装周每年都会向外界展示大量独特、新潮的设计，左右着全球的时尚风向。此外，潮人买手、明星也是欢聚一堂，以缤纷的服饰演绎多样的时尚观。相对于盛大、华丽的巴黎时装周，伦敦时装周规模不那么盛大，也有别于街头感十足的纽约时装周，它是设计师与新锐潮流品牌充分表达自我的理想城市，总的来说，伦敦时装周是自由的，承载着大众对时尚的无尽遐想。每年的伦敦时装周中，各大品牌都将走秀融入其中，以奇妙、大胆的思维和创新、多变的艺术风格，打破传统束缚，向外界展示特有的时尚趋势。而这些品牌的创始人大多出身于伦敦两所世界顶级时装设计学院：中央圣马丁艺术与设计学院、伦敦艺术大学伦敦时装学院。这无疑是延续了其敢于冒险、挑战传统的精神。提起意大利，总能让人联想到欧洲古老的传统风情和工艺，也是一个以激情大胆的文化气息闻名的时尚之都。米兰时装周是古驰等经典品牌展现风尚的大本营。作为世界四大时装周之一，米兰时装周被公认是世界时装设计和消费的“晴雨表”，它最大的亮点就是艺术摩登的古典设计与精湛的手制工艺完美融合，呈现出新奇的特色时尚感。而在秀场之外，各式的时尚达人与潮流爱好者就以鲜艳浮夸、个性张扬的搭配方式游走在米兰街头，与米兰的历史风情、人文环境三位一体，勾勒出独特的时尚氛围。每一季的女装时装周都是从纽约开始的，其非凡的魅力就在于它总能给人耳目一新的感觉。同时，纽约时装周与其他三个时装周最大区别就在于，它致力于追求自由，不断创新。关于纽约时装周的特点，其清新自然、活力的风格，展现出美国式街头的时尚感，各类亲民、日常的元素无论是谁都能快速接受，不仅是时尚界，对普通大众也极具吸引力。同时，纽约对新人设计师也极度包容，能给予拥有梦想的新人与一线大牌同台展示的机会。纽约时装周的本土品牌——马克·雅克布，就是一个年轻的时装品牌，其设计另类个性，丝毫不输远在海外的古典一线品牌，对市场极具吸引力。

（五）时尚营销推动消费升级

1. 中国消费升级的历程与特征

消费升级是指消费结构的升级，是各项消费支出在总支出结构的升级和层次的提高，它反映了我国现阶段的消费水平。随着居民收入的持续增长，我国出现了三次消费升级的浪潮。第一次消费升级发生在20世纪80年代，主要表现为轻工业产品消费逐步上升代替了粮食消费，这次消费升级推动了轻工业产品的升级，使相关产业迅速发展，以此带动了我国轻工业的发展。第二次消费升级出现在20世纪90年代末，消费结构中家电消费的占比迅速增加，此次升级对机械制造、钢铁、电子等行业具有强大的拉动作用，促进了产业结构从第一产业向第二产业的转变，第二产业在我国迅速发展。从2015年开始，我国正在进行第三次消费升级，人们消费更加追求精神层面的满足，追求个性化、独特化，对质量和安全也提出了更高的要求，同时带动了第三轮的经济增长。第三次消费升级的特征主要为个性化、智能化、内涵化和品牌化，从这四个特征可以看出，此次消费升级不仅是对消费内容进行升级，同时也反映出“人的需要”所主导的消费层次的提高。第三次消费升级的主要表现是消费主体更加多元化、消费区域更分化、消费支撑更全面、消费观念更理性。

2. 消费升级驱动居民消费新变化

目前，我国消费市场快速发展，消费支出在GDP中的角色日渐加重，近80%GDP的增长来自消费支出的增长，消费成为我国国民经济发展的关键因素，成为经济发展的第一驱动力。党的十九大报告指出，我国经济已经由高速增长阶段向高质量发展阶段，而从需求端出发，高质量发展就是指消费的升级。国家统计局2019年1月21日公布的数据显示，2018年全年社会消费品零售总额380987亿元，占国内生产总值的76.2%，提高了18.6%[1]，消费依旧保持快速增长，其中消费升级类商品有较快增长。同时，我国2018年恩格尔系数为28.4%，下降到30%以下，这首先反映出人民生活水平有所提高，即食品在整个消费支出中的比重在下降；其次则和整体的消费升级有关，即一些高端的消费品占整体消费比重越来越高。在消费升级下，居民消费水平、消费层次、消费方式与消费热点都在不断变化，具体表现在以下几个方面：首先，居民的消费不再是为了解决温饱问题，而是向全面小康型进行转变；其次，消费者更加偏爱于服务型营销，愿意为享受服务买单；同时，消费渠道不再是单一的线下消费，而转向线上、线下融合的方式；最后，消费者也更加注重个性体验，不再盲目从众。

以服装产业为例，2019~2020年，消费升级和结构调整依然是服装消费市场的主旋律。消费升级体现在：服装的消费品质在持续提升，服装的功能与时尚更加融合，服装的文化特征越发鲜明，服装的情感价值得到市场的认可。服装消费持续升级，2019年我国服装消费市场运行呈现出

---

[1] 国家统计局网站。

以下三个特点：服装消费向精细、提质的方向持续升级；以百货渠道为主的重点大型零售企业服装零售额下滑；网购渠道对服装市场的影响力持续上升。2019年，线上单位服装消费实现正增长，但增速较2018年有一定程度的回落。2019年，线上单位服装类商品零售额为9778.1亿元，累计增长2.6%，增速较2018年放缓5.9个百分点，且低于当年同期线下单位商品零售平均增长水平1.1个百分点。服装消费价格涨幅持续上升。尽管线上单位服装消费增速出现放缓，但整个服装市场的消费品质在不断升级，服装消费价格持续温和上涨，且涨幅连续两年小幅提升。2019年，服装消费价格累计上涨1.8%，增速较2018年提高0.4个百分点，较2017年提高0.5个百分点。运动服装销量增速持续加快，一方面，在全民健康意识高涨的大环境下，运动服进入行业上升周期；另一方面，运动品牌经过多年市场竞争的洗礼，专业度、时尚度均显著提高，市场格局比较稳定，头部品牌进入红利收割时期。网购渠道对消费品市场增长的贡献率超过40%。2019年，网上实物商品零售额占消费市场比重已达到20.7%，较2018年提高2.3个百分点，对消费品市场增长的贡献率达45.6%，连续两年超过40%。双十一对商品零售的虹吸效应越发明显。2019年双十一期间，全网销售额达到4101亿元，同比增长30.5%，增速较上年提高6.7个百分点。2019年，全国居民人均服务性消费支出占全国居民人均消费支出的比重为45.9%，比上年提高1.7个百分点。

3. 信息技术驱动时尚营销新方向

互联网、大数据等信息技术的迭代，不仅改变了企业经营管理模式，也对人们的消费行为产生巨大影响：一是提升消费效率；二是增强消费体验；三是丰富消费内容；四是拔高消费期许。文化自信是中国自信的本质。从商业角度来看，在过去很长一段时间内，市场过度崇尚西方的商业文化。但在今天，随着中国综合国力和世界影响力的持续提升，中国风也越来越流行。从地域来看，一线城市服装市场格局相对稳定，人们购买服装更加理性，目的性也更强。时尚营销可以利用互联网将一线城市的时尚潮流、时尚资讯传递给三、四线城市，快递配送则可以更快地让更多商品、更多品牌渗透到下沉市场，满足当地消费者购买知名服装品牌的需求。新一代消费者成长于对外开放不断深化的时代，世界文明的交流互鉴让人们的价值观、消费观更加丰富和多元化。除了服装产品本身的质量、时尚度、功能、价格、渠道外，消费者也越来越重视情感的作用。

总而言之，时尚营销对于消费者了解个性化、品质化、具有情感价值的时尚产品具有重要意义。在人民生活水平越来越高的今天，时尚营销的发展可以推动消费者的消费升级，购买那些具有个性化、独特化、具有较高的质量和安全保证的，能够满足消费者情感诉求的时尚产品。

二、时尚营销促进品牌形象的塑造与传播

（一）品牌是企业的核心竞争力和重要无形资产

以前都说“酒香不怕巷子深”，可在当今这个市场经济高度发展的时代，老黄历早就不灵了，品牌建设发挥着至关重要的作用，是一个企业生存与发展的灵魂。生意场上，产品靠质

量，更得靠品牌，谁的品牌推广得好，谁就能占据主导地位，客户就信服谁。

品牌指企业的名称、产品或服务的商标，和其他可以有别于竞争对手的标识、广告等构成公司独特市场形象的无形资产。品牌是一种无形资产，品牌就是知名度，有了知名度就具有凝聚力与扩散力，就成为发展的动力。品牌是一种识别标志、一种精神象征、一种价值理念，是品质优异的核心体现。培育和创造品牌的过程也是不断创新的过程，自身有了创新的力量，才能在激烈的竞争中立于不败之地，继而巩固原有品牌资产，多层次、多角度、多领域地参与竞争。企业品牌的建设是以诚信为基础，以产品质量和产品特色为核心的，只有这样才能培育消费者的信誉认知度，企业的产品才有市场占有率和经济效益。品牌是一个企业生存与发展的灵魂，产品本身是没有生命力的，只有产品、没有品牌，或者是只有贴牌、没有品牌的企业更是没有生命力和延续性的。品牌代表着企业的竞争力，品牌意味着高附加值、高利润、高市场占有率。品牌意味着高质量、高品位，是消费的首选。好的品牌可以为企业带来较高的销售额，可以花费较少的成本让自己的产品或服务更具有竞争力，品牌及品牌战略已经成为企业构筑市场竞争力的关键。同时，品牌也是一种重要的无形资产，有其价值存在。企业开发一个品牌、建立一个品牌、推广一个品牌，需要投入一定的人、财、物并形成各项费用，这就构成了品牌的经济价值。另外，消费者在与其他产品比较的基础上，产生的在公众心目中的名气和声望，构成了品牌的无形价值。品牌价值的大小，取决于消费者对品牌特征的看法和评价，因此品牌是企业最重要的资产之一。

（二）品牌建设与时尚营销

品牌形象是人们对品牌构成要素的心理的综合性反映[1]。在商业运作模式中，品牌形成的基础是产品及其服务。而品牌建设的核心，则在于深入了解消费者为中心，实现消费者和品牌的共鸣。因此，品牌建设以促进消费者体验品牌的产品和服务为前提，需要建立消费者和品牌的情感联结，然后通过多次消费获得良好的购买或体验，达到消费者对品牌的忠诚，实现共鸣。由此可见，品牌建设的基本思路和品牌的心理要素不谋而合，即知名度、美誉度、忠诚度。而这三个要素作为一个递进的过程，是需要消费者不断地对品牌进行体验过程才能够实现的。首先，知名度。需要利用各种传播方式投放广告，使品牌在消费者心中留下印象。其次，美誉度。需要消费者在获得良好的购买体验之后，口口相传。再次，忠诚度。代表了消费者已经对待特定品牌具有偏向性，会在众多品牌中毫不犹豫地选择特定品牌。无论是知名度、美誉度还是忠诚度，尤其是知名度，都离不开时尚营销的顺利开展。时尚营销不断向目标受众传达独特的文化理念与品牌诉求，将文化、品牌和营销三者紧密结合起来。三星、苹果、星巴克、明基、摩托罗拉、可口可乐等成功品牌迅速崛起的背后反映的是“新新人类消费文化”极速扩展的历史现象。正是依托于“新新人类”张扬个性、悖逆传统、追求自我、追随时尚的文化

---

[1] 陈佳宁．从知晓到忠诚：试谈品牌建设[J]．中国市场，2020（21）：133-134，146．

特征，这些品牌成功地建立起以“新新人类消费文化”为内核的独特品牌内涵。寓意“Bring Enjoyment and Quality to Life ”的品牌理念和“时尚、快乐、青春”的品牌个性的明基即是其中的典型代表。基于深厚的文化背景和独特的品牌内涵，时尚品牌营销显得标新立异。一个典型的例子是以“酷体验”为品牌个性的三星手机借力电影《黑客帝国》的品牌推广首发。而明基以美女嘴唇为创意，路牌广告更出神入化地传达了炫耀、魅力、唯美等可以猛烈撞击心灵的、个性张扬的意念，堪称IT产品广告的优秀案例。

（三）时尚营销对品牌建设的作用

时尚营销对于品牌形象的塑造与传播的作用具体体现在以下三个方面：

1. 时尚营销有助于建立产品标识

产品标识是品牌建设的基础，任何品牌活动的开展，说到底都是为了消费者选购本品牌的产品提供方便。标识一般通过商标、品牌名、品牌标志等元素表现，它是品牌最原始、最基本的画面，主要起到直观区分产品的作用。标识的建设相对简单，无须过多的资金和人员投入。因此，中小型企业完全有实力进行标识的品牌建设。要结合行业特点开展企业和产品标识设计，以新颖、独特、有吸引力的标识，来提高品牌传播的效率，增强用户对品牌的记忆度。

2. 时尚营销有助于向消费者传达产品或企业信息

产品或企业信息可以通过时尚营销的手段向消费者进行传递，让人一听就知道购买和使用该产品的是哪一类顾客。当消费者对产品或企业有了较深的了解之后，那么消费者的购买决策过程也会随之缩短。此时，消费者很容易辨认、识别所需商品，从而有助于消费者快速选购心仪的商品。在产品宣传中，也可以着重突出产品特色，树立品牌形象，从而从相似的产品中脱颖而出。比如，同为汽车品牌，宝马宣传的是开车的乐趣和愉悦感；奔驰则强调车是身份与地位的象征；与此同时，沃尔沃（Volvo）最为强调的就是安全。这种营销可以帮助这些产品在消费者心中树立自己独一无二的品牌形象，若消费者注重开车的舒适感，马上就想到宝马；若消费者想要用车来提升自己的身份地位，那么他们很可能第一个想到的就是奔驰。

3. 时尚营销可以促进企业概念及文化的传播

由于许多产品同质化严重，为了使用户迅速识别品牌，企业就人为地制造一种观念，并把这种观念向用户反复强调，这就需要企业投入大量的广告费用作为支持。此时，品牌建设就进入概念层。而当企业不断重复的概念被社会普遍承认，并且企业内部也确实营造出了这样的集体氛围，那么品牌的文化层便由此产生，文化层是品牌发展的最高层次。

三、时尚营销改变经济增长模式

时尚营销可以为消费者创造独特价值，将时尚产品的价值展示给消费者。当时尚产品成为商品流动起来之后，它的价值不仅能满足人们生活的需求，还推动着社会经济的繁荣、科学和文化的进步。随着经济全球化的深入，时尚已经成为一种全球化现象，追求时尚也已经成为各国民众的日常生活诉求。时尚正潜移默化地影响人们的生活方式，影响着日常服装、美容美发、珠宝首饰、电子产品、动漫等各行各业，几乎涵盖了从批发零售到商业理论创新、流行杂志到城市建筑风格的所有社会经济领域，为社会经济发展作出了巨大的贡献。

从整个全球范围来看，时尚产业起源于17世纪的欧洲，第二次世界大战后传到纽约，并得到空前发展，随着亚洲经济的发展和国际地位的提高，日本东京、中国香港以及新加坡等地的时尚产业也得以发展，并逐步形成了以巴黎、伦敦、纽约、米兰和东京为代表的“世界五大时尚之都”。而我国的时尚产业起步较晚，其发展历程也较为坎坷。20世纪50年代初期，人们以满足温饱需求为主，对于服装等时尚产品毫无概念和要求，更不用提时尚产业了。对外开放使部分东部沿海城市有机会引进先进技术、吸引外资，为时尚产业的发展奠定了基础。随着市场经济的完善和中国正式加入WTO，我国时尚产业进入高速发展时期，其发展速度远远超过GDP增长速度，时尚产品市场迎来消费潮。受2008年全球金融危机影响，全球产业受到极大的冲击，在西方成熟市场时尚产品销售量极度缩水的情况下，多数时尚品牌在中国的销售额增幅达40%以上，实现逆势发展。2010年后，中国时尚产业进入深化发展阶段，人均时尚消费逐步攀升，时尚品牌的竞争也随着B2C平台的成熟由线下向线上转移。现如今，互联网信息技术拉近了人与人之间的距离，时尚真正实现“无国界”和全球同步化。时尚产业不仅引领时尚潮流，在某种程度上还引领世界产业发展，进而推动经济发展。时尚产业所蕴含的科技、创意设计、文化等软实力也是世界各国竞相角力的领域。总的来说，放眼全球，中国时尚产业还很年轻，总体国际竞争力不强，与大家耳熟能详的国际时尚品牌相比，我国时尚产业的发展任重道远。另外，我国已成为全球第一大奢侈品消费国，全民时尚消费热情高涨，时尚已经成为人们日常生活中不可或缺的一部分，时尚消费市场的巨大潜力将进一步促进时尚产业不断融合发展。而要做到这些，就必须发展时尚营销，培育我国独有的时尚品牌，从低附加值的加工制造环节，转向高附加值的设计和营销环节，进一步促进时尚产业的发展，进而促进我国经济发展方式的转变。

中国经济发展模式是在不断地探索过程中形成的具有中国特色的经济发展模式，重视高速度、高积累、高投资是其重要特征之一。这种经济发展模式极大地促进了中国经济的高速增长，具有不可比拟的优越性，但是随着经济增长速度的放缓，这种发展模式也逐渐面临越来越多的挑战。

后金融时代，中国经济发展面临着四个压力：一是市场压力；二是环境压力；三是资源的压力；四是成本的压力。由于这四个压力使我们必须调整结构，转变发展方式，找到新的经济增长点，扩大内需。那么在这种情况下，发展时尚经济能够弥补缺陷和解决问题。时尚经济有两个特点，一是“两高”“两低”，即高附加值、高融合性和低消耗、低污染。所以，发展时尚产业对于应对金融危机是一个非常好的措施。无论从短期来看，还是从长期来看，都是具有重要意义的举措。他还指出，发展时尚创意，第一是虚实结合；第二是大小联动，即大企业和小企业联动的问题；第三是内外结合，即国内和国际的结合；第四是上下结合，各方面内在的动力和外在的动力结合。文化产业成为国民经济的支柱产业，赋予产品以文化的内涵，提升产品的附加值。而国家时尚创意中心主任、恒天时尚创意投资发展有限公司总经理邓中原表示，时尚产业是文化指向的产业结合，它涵盖了第一产业、第二产业、第三产业，是文化创意产业的重要组成部分。在世界的发达国家，特别是在世界著名的五大时尚之都，文化创意产业主体部分是时尚产业，时尚产业占到他们文化产业份额的50%左右，文化产业在这五个国家所占的比重达到12%以上。在这五个城市中，文化产业所占的比重占GDP的1/5以上，纽约占到25%。所以，文化创意产业在GDP中的比重是非常大的，时尚产业扮演着非常重要的角色。

时尚营销作为时尚产业中高附加值的环节，其发展的好坏直接关系到时尚产业发展的好坏，进而对经济发展产生重要的影响。首先，我国要将经济发展由资源驱动型转向消费驱动型发展模式，大力发展时尚营销是一个有效的手段。近些年国风的流行也显示了中国年轻人追求时尚的意愿较为强烈，时尚给消费者带来的满足感较为强烈，但总体上时尚消费参与度较低。因此，目前中国的时尚消费应该定位在“追求向往阶段”。中国消费者追求时尚的高意愿会导致他们对时尚的资讯、时尚的概念和时尚的风格辨别力减弱，第一方面，意味着企业在营销中注入新的时尚元素，以及在产品创新中融入时尚概念，能较容易地受到消费者的青睐；第二方面，企业在品牌元素中，需要随时融入消费者的需求，在中国市场，一成不变只能让企业与消费者产生距离，因为他们渴望在自己的生活中享受更多的时尚元素，这样会让他们觉得物超所值；第三方面，由于中国消费者对时尚缺乏深层的理解和认知，因此在营销中通过在终端对消费者进行辅导，通过广告、促销等方式对新的产品概念进行引导，使得消费者很快便能接受，进而促进购买行为。其次，时尚营销也可以促进生态、环保、绿色消费观念的传播，让环保成为一种时尚。时尚也是一个扩散的过程，因此时尚营销中的重要一环便是如何通过传播推波助澜，形成潮流。这不仅能够影响消费者去购买“环保”产品，同时还能推动生产者去生产“环保”产品。最后，时尚营销的发展并不依赖于当地的资源，可以减少当地经济对资源的依赖程度，从而实现进一步的发展。综合以上分析，时尚营销可以促进经济结构转型升级，推动经济的进一步发展。

第九章
典型时尚营销案例分析

时尚营销既是对时尚的营销，又是时尚化的营销，始于可满足时尚消费的产品，落实于顾客全方位的消费体验和满足。从内容上讲，包括时尚产品、时尚服务、时尚活动等范畴；从体验与满足方式上讲，包括生活体验、情感体验、审美体验、氛围体验等四种形式；从空间上讲，则包括时尚商场、时尚地产、时尚园、时尚空间等体验空间，用于与消费者更好地互动交流。

本章将通过实际案例分析，介绍企业如何识别和界定时尚消费者，如何搜集和使用时尚基因，如何把这些时尚基因转化运用到营销实践活动中，为企业的营销战略服务，最后还探讨了时尚营销实践活动中的消费者体验与顾客关系管理等问题。

第一节　以技术创新为主题的时尚营销案例

时尚产品如今更加多样化、特色化，不少企业通过创新技术来寻找营销的突破点，为产品吸引更多关注度。这是时尚企业开展营销活动的一个重要着力点。

以蕉内外印无感标签技术为例，国内品牌蕉内独创外印无感标签专利技术，采用零化学刺激的材料，将承载了内衣成分、洗涤养护方法、尺码等信息的标签印于内衣外部，革新取代缝唛，告别刺痒。经过多次水洗或过度摩擦，外印无感标逐渐消退，这也是提醒消费者更换贴身衣物的信号。品牌利用无感标签的"体感科技"喊出了"内衣本应该无感"的口号，击中了消费者的痛点，也为品牌贴上了差异化的产品标签。虽然在产品上删减了品牌标识，但蕉内依靠自己的营销和推广手段让广大消费者一眼就能辨识出品牌产品，实现消费者的品牌认知。在产品的视觉呈现上，蕉内区别于其他品牌平铺式的产品展示，创新地选择悬挂式和3D效果呈现产品，大大增强了辨识度。同时，所有宣传图都用圆圆蘑菇头遮住模特眼睛，以弱化模特存在感。除了更具视觉科技感外，蕉内为了聚焦产品本身，试图让消费者更细致、认真地感受产品设计，便在宣传图的底色上反复使用鲜明、亮眼的黄色，不仅是通过色彩的反复使用来完成品牌色彩符号的构建，也是利用黄色来突出和强调产品的科技感。

基于无感标签技术，蕉内进行了全方位的产品布局。以舒适的基本款为出发点，拓展产品品类，从内衣、家居服，到生活用品，或者外穿服饰、配饰等，将一切与体感有关的基本款都与无关标签技术相结合，以"重新设计基本款"为品牌口号，开展多样化的营销活动，创新线上、线下全消费场景，将无感标签与品牌捆绑，植入消费者心里，促使消费者完成品牌认知与联想。

第二节　以内容创造为品牌价值的时尚营销案例

悦活品牌是一个贯彻"乐活"价值观，着力于全面打造"生活态度"的品牌。悦活品牌创立之初的核心品牌理念是"乐活"，强化品牌精神层面的内涵，希望成为能够倡导消费者生活方式和新生活态度的新兴品牌。在新媒体环境下，该品牌利用覆盖各领域、各群体的34位宣传代言人形式诠释自然、健康、时尚的"乐活"态度，全面提升品牌价值。在当前人人都是自媒体的新媒体环境中，对品牌产品有全面认知的悦活一线工作人员就成了最适合传播品牌价值的原创者。传统意义上的品牌管理，由企业的市场公关部主控，并交由传统媒体和广告公司进行传播。而在新媒体环境下，企业产品生态链中的每一个环节的把控者，都是品牌及产品最直接的代言人。品牌将普通员工推到大众面前，传播员工个人对“乐活”态度的理解。由于普通员工与消费个体之间存在身份共同点，在这种认同感下使得消费者更容易被打动，进而认同品牌。除了一线员工外，品牌也会借助知名社群成员的声量，如摩登主妇俱乐部的成员。悦活选择的摩登主妇俱乐部成员以空姐为主，她们走遍世界，有着更为广阔的眼界和时尚的品位，这是一个有着更乐活、时尚、健康的生活方式，与悦活品牌调性、价值观最为契合的社群。这样有相同价值观的社群成员就是品牌最好的免费传播者。利用社群中核心成员的影响力，传播自己“乐活”的生活态度，让她们成为品牌价值的倡导者，从而引导社群成员产生价值认同。

在这些代言人的乐活理念传播上，品牌选择放大代言人与理念标语，弱化品牌标志，以海报形式投放在淘宝首页和微信朋友圈首页。当34位代言人的34条悦活态度以一种故事型的创新方式被整合到一起，广告彻底变成了具有情感共鸣效果的价值内容。消费者明明知道自己所看到的是一则关于品牌宣传的广告，却丝毫没有产生反感，反而因为这种群体性悦活态度的展现与他们产生了情感联结，促使消费者主动参与并转发。在转发和交流过程中不断地分享自己的“乐活”态度，消费群体间的互动使得品牌的“乐活”得到迅速扩散式的传播，快速成为内容热度。在这样一个传播的过程中，更多用户看到了一个全新的悦活品牌形象，感受到了亲民、时尚、自然、健康的品牌价值观，“乐活”与“悦活”成功植根于消费者心里。

第三节　以事件营销为传播手段的时尚营销案例

事件营销是借助节事活动、文艺演出，实现品牌相关事件的间接传播，达到品牌营销的目的。具体是通过策划、组织和利用具有新闻价值、社会影响以及名人效应的人物或事件，吸引媒体、社会团体和消费者的兴趣与关注，提高品牌影响力和品牌形象，为最终产品销售服务。

一、李宁与 CBA 的跨界联名

李宁作为中国体育品牌的代表，一直以来都在积极探索各种营销手段，以提高品牌知名度和市场份额。在这其中，事件营销是一种非常有效的手段，它能够通过紧密联系品牌和事件，达到品牌宣传的目的。李宁与中国男子篮球职业联赛（CBA）联名，就是一次成功的事件营销案例。李宁和CBA联名的过程中，需要有一个清晰的品牌定位和营销目标。李宁一直以来都在强调“中国体育精神”，而CBA作为中国最高水平的职业篮球联赛，也具有浓厚的中国文化特色。双方的跨界联名合作既突出了品牌的“中国体育精神”和“本土化”的特点，也利用

CBA中国本土“IP”的影响力增加了品牌在运动产品消费者中的认知和偏好。

李宁和CBA联名的过程主要是通过赞助CBA赛事、推出CBA联名款产品等方式，将品牌与CBA深度结合，将CBA的文化基因与品牌融合。在2018~2019年的赛季上，李宁为历史上获得过总冠军的7支球队定制了专属的“冠军荣耀版球衣”。球衣采用黑金配色，球衣肩位的星星个数则代表球队夺冠的次数，象征着荣耀加身。而在具体的设计方面，李宁根据每支球队自己独特的运动文化，融合球队队标，提取了每队球服上的图案暗纹，球衣和队标做到了融合统一。这是CBA历史上第一次推出冠军纪念球衣，这7件冠军球衣带球员和球迷共同回忆起CBA联赛上的辉煌历史，引发了球迷群体的大力追捧。除此之外，李宁通过社交媒体、电视广告、户外广告等渠道，将联名合作的信息传递给更多的消费者，提高了品牌曝光率和美誉度，一度引发球迷的购买热潮。

在CBA比赛期间，李宁会在微博、微信等社交媒体上发布大量有关篮球的内容，包括比赛的直播、球员的采访、篮球技巧的分享等。这些内容不仅让篮球爱好者更好地了解CBA联赛和李宁品牌，也借助CBA的比赛热度为品牌引来更多的关注度。CBA的体育精神和体育文化也伴随着一次又一次的联名合作迁移至品牌，内化成为品牌的体育精神，让品牌形象和价值都有了进一步的提升。

二、星巴克借助端午节庆实现产品推广

端午节是中国重要的传统文化节日。在这个节日里，人们会吃粽子、赛龙舟、挂艾草等，以表达对祖先的怀念和敬意。星巴克就趁着端午节的节庆氛围推出了一款结合传统和创新的产品“星冰粽”，将传统的粽子与星巴克的咖啡特色相结合的创新产品，成功地将品牌与传统文化联系起来，增强了品牌的亲和力和认同感。凭借着中国人民在端午节吃粽子的传统习俗，星巴克吸引了不少消费者的关注和购买。

在“星冰粽”的产品命名上，星巴克将传统的粽子与自己的品牌名称进行了结合，不仅突出了产品的特色，还能够让消费者在听到产品名称时立刻联想到星巴克，增强了品牌的知名度和认可度。“星冰粽”将传统的粽子与品牌的咖啡特色相结合，是极具品牌特色的创新产品。它采用了星巴克经典的冰咖啡配方，加入了糯米和红豆等传统粽子的原料，创新了多种口味；并且为了与产品名称的“冰”字相匹配，采用了冰皮包裹馅料的工艺，小巧玲珑，更具视觉美感。这种创新设计不仅能够满足消费者的口味需求，还能够让消费者感受到品牌的创新精神和品质保证。相较于传统粽子，“星冰粽”的精致玲珑更多地体现了星巴克咖啡内涵的现代元素。此外，星巴克还在产品的包装上加入了端午节的元素，如艾草、龙舟等，让消费者在购买产品的时候能够感受到节日的氛围，增强产品的亲和力和吸引力。

除了在产品本身下功夫外，星巴克在宣传和推广方面也做得非常到位，通过各种渠道，如

社交媒体、线下活动等，宣传“星冰粽”的特色和优势，吸引了不少消费者的关注和购买。特别是在社交媒体上，星巴克发布了一系列有趣的短视频和图片，展示了“星冰粽”的外观、口感和制作过程，引发了不少网友的兴趣和讨论。这些宣传和推广活动不仅提高了品牌的曝光率，还增强了消费者对品牌的好感度和忠诚度。

星巴克推出的“星冰粽”，不仅将传统的中华文化融入品牌之中，增强了品牌的文化底蕴，也通过这样的创新产品吸引了不少消费者的关注和购买，增强了品牌的知名度、认可度和忠诚度。

第四节 以社群活动为交流平台的数字化营销案例

以淘宝商业平台、微信平台等主流电商和社交平台的流量为基础，建立数字化营销体系，是时尚品牌在社交网络时代的重要营销方式。

一、逻辑思维的微信社群营销策略

知名自媒体脱口秀主讲人罗振宇创办的《罗辑思维》是一个知识分享类平台，主要以微信公众订阅号、知识类脱口秀视频及音频等形式输出知识观点，服务于“80后”“90后”有“爱智求真”强烈需求的群体。在平台推广阶段，罗振宇利用微信社群营销的方式，成功地将自己的《罗辑思维》课程推广给更多的用户，实现了数字化时尚营销的目标。

罗振宇首先利用运营微信公众号建立了自己的粉丝社群。在微信公众号上，罗振宇定期发布自己的文章、视频、音频等内容，吸引更多的粉丝加入他的社群。同时，他还会策划一些与知识分享相关的活动，如线上讲座、读书会等，让粉丝们可以更加深入地了解他的思维和理念。在完成初始的粉丝积累之后，他定期发布课程相关的内容，如课程介绍、学员心得、课程预告，还会开设一些免费的试听课程，让用户可以更加了解课程的内容和价值，从而吸引更多的用户购买课程。此外，他还组建学员群、讨论群等微信社群，将新老学员汇集到一起，为新老学员提供一个可以互相交流和探讨的线上空间，不仅加强了新老学员之间的沟通交流，学员之间的信息共享也维护了学员对《罗辑思维》课程的忠诚度。

除此之外，《罗辑思维》每天早上六点半都会准时推送一条由罗振宇亲自录制的60秒语音，日复一日的坚持让这60秒的语音成为一种仪式感，代表《罗辑思维》对用户的尊重与重视。清晨六点半60秒的语音也成为罗振宇的网络社群营销中最重要的一个内容，成为《罗辑思维》的一个重要标签，用户哪怕不去听他发送的语音内容，也会佩服他的坚持。

罗振宇利用微信社群营销的方式，成功地将自己的品牌打造成了一个知识分享和思想引导的领袖品牌，提高了自己的品牌影响力。他的品牌影响力不仅局限于微信社群，还延伸到了其他社交媒体平台和线下活动中。这种品牌影响力的提升，也为《罗辑思维》在其他平台的数字化营销带来了更多的机会。

二、完美日记的社交媒体营销策略

完美日记是国货化妆品牌，在品牌成立初期投入了大量精力在社交媒体的营销推广上，在三年内一跃成为美妆界的“国货之光”。品牌将自己定位于传播生活态度的品牌，倡导“热爱时尚”“乐于分享”的生活理念，将目标消费群体定位于18~28岁的年轻女性。针对年轻群体重度依赖社交媒体这一特点，完美日记推出了一系列的数字化营销方案。

围绕目标用户，完美日记在成立初期就开始了微博、小红书、抖音等各大平台KOL的合作“种草”，发布了大量的短视频展示其产品的使用效果、产品特点等，提升消费者对品牌的认知和关注。在推广过程中也会在社交媒体上不定期发布一些有趣的话题，如“你用完美日记，我用××”的话题，在这个话题讨论过程中创造了一些爆款词条，品牌抓住热点、鼓励用户进行内容的二次创造，从而提升了产品和内容的曝光度和传播效果。

品牌在完成公域的信息投放后积累了一定的认知度和影响力，进一步开始向私域引流。

完美日记在微信公众号、微博等平台上建立了自己的社区，与粉丝进行互动，进一步沉淀用户数据。完美日记通过自建“IP”、补贴等方式将消费者引入微信群，然后交给美妆顾问“小完子”进行社群维护。社群中会不定期推出低价限时秒杀活动，用户可以在社群中分享自己的化妆心得、交流使用技巧等。同时，品牌方会定期发布一些用户案例，来展示其产品的使用技巧和用户的使用心得。这种真实的用户案例用一种亲民的方式触达了用户群体，来帮助用户更好地使用其产品，提升用户的使用感。除此之外，完美日记十分重视与社群成员的情感交流，美妆顾问“小完子”每天会和粉丝道晚安，在周年纪念日会送出亲笔感谢信，这些感情丰沛的文字让用户感到被尊重和暖心。

这样从公域引流、在私域维护的营销方式极大地增加了消费者的品牌黏性与品牌忠诚度，使得完美日记在短短三年内成功地在竞争激烈的美妆品牌中占据一席之地。

第五节 以品牌故事为叙事载体的融合营销案例

利用时尚基因打造品牌叙事系统，讲好品牌故事，将时尚基因融入传统品牌，也是时尚营销应用的具体体现。

一、李锦记——寻味传统文化魅力

李锦记作为历史悠久的传统酱油品牌，一直致力于结合传统文化完成体验营销，让消费者深入了解品牌的文化底蕴和价值。在其体验营销活动中，采用了多种措施，取得了显著的效果。

李锦记在体验营销活动中采用传统文化主题化的方式，将传统文化元素融入其中，如传统的烹饪技艺、食材、器皿等，营造出浓郁的传统文化氛围，采用创新互动体验的方式，让消费者亲身参与其中，让消费者感受到传统文化的魅力。例如，在“传统酱油制作体验”中，消费者可以自己动手制作传统美食、参观传统烹饪工具和器皿等，让消费者亲身感受到传统文化的独特魅力，获得互动体验的愉悦感。此外，在“寻味”李锦记的品牌展览中，李锦记特地安排工作人员向消费者讲解传统的各种调味酱料的制作工艺和历史故事，让消费者更好地了解传统文化的发展。通过展示传统的酱油制作工艺、历史故事等，让消费者更深入地了解品牌的文化底蕴和价值。这些互动体验能够让消费者更加深入地了解品牌的文化价值，增强了品牌的认知度和美誉度。

除此之外，李锦记还联合新华社发布《探味米其林——鱼头的绝味密码》的美食视频，视频讲述了米其林一星餐厅北京拾久餐厅是如何利用李锦记酱料让千岛湖鱼头成为店家招牌的。该视频在互联网上引发了热烈讨论，成功提高了一波李锦记品牌的关注度，也吸引了大批食客进入拾久餐厅去品尝李锦记酱料为食材带来的绝妙口感。利用互联网的传播力，李锦记成功靠一个美食视频为消费者带来了视觉和味觉的双重感官体验，进一步将李锦记的品牌认知触达消费者心里，加深产品记忆。

李锦记传统文化主题化和创新互动体验方式吸引了更多消费者参与，不仅让消费者通过亲身体验更加深入地了解品牌，提高了品牌的认知度和美誉度，同时也拓展了品牌的消费群体，增强了消费者对品牌的认同感和忠诚度，提高了消费者的复购率。

二、故宫文创——讲好故宫历史故事

故宫博物院作为一个具有丰富历史文化内涵的地方，其历史故事引人入胜，这些历史故事成为故宫文创产品设计的灵感源泉。故宫文创产品之所以能够在市场上大受欢迎，也是依靠其独特的设计风格和传统文化内涵，打造出了“有质感、有温度、有趣味、有故事”的文创品牌。

故宫文创产品不断探索产品创新的设计理念和方式，既保留了传统文化的精髓，又符合现代人的审美需求。通过对故宫历史故事的挖掘和整理，设计师设计出了许多充满想象力和古风的文创产品，将传统元素演绎出不同的形态和风格，为消费者带来了更多有趣、新颖的产品。比如，故宫文化中具有深厚文化故事的龙纹、云纹等传统元素，经过图案转化、创意再现，加入当代人的审美意象后被应用至扇子、文具、服装等文创产品上。通过不同的形式变化，这些传统元素转化为实用的日常用品被赋予了新的意义和形式。

除了在产品设计上融合历史故事外，故宫博物院还推出了《我在故宫修文物》的纪录片，在获得众多观众的喜爱之后，接连出品《上新了！故宫》《故宫贺岁》等文化类综艺节目，在融合纪录片与综艺感两种创作手法的基础上，以文化的内核、综艺的外壳讲述故宫的历史故事，创造出故宫年轻化的全新表达。

为迎合消费群体年轻化的特征，故宫博物院迅速结合年轻人的偏好打造了故宫“御猫”IP，将“御猫”作为故宫600多百年历史的讲述者，开发一系列萌系文创产品。同时将清初宫廷画家创作的《十二美人图》中的宫苑女子制作成了GIF动图，让古代宫廷日常生活灵动地展现在受众面前，深宫故事也变得更加有趣、接地气。这些“卖萌”式的创作和营销，贴近年轻人喜好，让拥有六百年历史文化和丰富内涵的故宫迅速“减龄”，更加贴近年轻人的生活。

故宫过去在人们的印象中一直是一个庄严肃穆的场所，但是近几年故宫博物院融合历史文化通过巧妙的市场化营销和有趣的文创产品向大众讲述故宫的历史故事，这些年轻化、趣味性的故事讲述方式成为故宫文创产品的标志，也帮助故宫树立了良好的品牌形象。

第六节　以时尚共鸣为情感联结的体验营销案例

2020年夏季，874万高校毕业生在特殊的情况下，没有毕业合影与毕业典礼，匆匆告别校园，走上求职之路。天猫根据这一热点事件，开展了一次线上、线下联动的主题营销活动《加油白衬衫》，一边为应届毕业生带去安慰与希望，一边扩大品牌效应，发出品牌声音。

在活动宣传片中，通过展现白衬衫在生活中的不同场景和不同人群身上的穿搭风格，旨在向用户传达白衬衫作为经典基础单品的重要性，并呼吁用户在自己的生活中更多地穿上白衬衫，展示不同的风格和魅力。该宣传片通过对白衬衫的情感渲染和与用户的情感共鸣，成功地营造了一个具有温暖和感性的品牌形象。

在宣传片中，白衬衫不再只是简单的服装单品，而是代表了一种文化符号，一种优雅、干净、精致的生活态度。宣传片将白衬衫与不同场景结合，如高速公路、工地、舞蹈室等，展现出白衬衫在不同领域的无限可能性，强调白衬衫不仅是时尚潮流的代表，更是一种生活方式和文化精神的象征。这种情感渲染让用户在观看宣传片时，会对白衬衫有一种更深层次的理解和认识，从而产生更为持久的品牌认同感。宣传片中的人物角色来自不同年龄、职业、性别、肤色等方面，代表着不同的个体和自我，从而与用户产生情感上的互动。在宣传片中，白衬衫被赋予了更多的情感属性，如勇敢、自信、坚强、充满活力等，这些情感元素与用户心里深处的价值观相契合，引起了用户的共鸣，并激发了他们的购买欲望。同时，在宣传片中，每个角色都有自己的故事，这也增加了人物形象的立体感，让用户更好地认知和理解品牌形象，从而对品牌产生更深的认同感。宣传片所营造的活力四射、充满正能量的文化氛围，让用户感到自己在品牌中不仅是消费者，更是参与者，还是共同创造文化的人。这种文化氛围既能够提升品牌声誉，也能够促进品牌和用户之间的情感交流，最终将品牌形象传递给更广泛的受众。

除了线上部分宣传推广，天猫还将活动引至线下。针对“白衬衫”举办了一场特殊的展览，包下了客流量较大的上海徐家汇地铁站，通过“加油白衬衫”主题展览，为毕业生加油打气。将各个领域的知名人物的白衬衫和普通大学生的白衬衫放在一起，以此激励刚刚踏入职场的年轻人，预示着名人与普通人一样，都是从一件白衬衫开始，一步步走向成功，完美地将线上宣传片展现的内容引入线下。现场还安装了一个特殊的互动装置——一台白衬衫贩卖机，路过这里的毕业生如果手上刚好拿着简历，可以顺手把自己的简历投递进去，选择自己的款式尺码，就能免费获得一件白衬衫。相比硬性的广告形式，这种有深度、有温度的内容，既能引发用户强烈的情感共鸣，也体现了更深厚的品牌情怀。

第七节 以终端呈现为服务抓手的环境营销案例

关注终端细节、营造人性化时尚氛围是美特斯·邦威的营销之道。美特斯·邦威是一家以时尚为宗旨的服装品牌，其在终端店铺的营销案例可以说是相当成功的。该品牌通过不断更新自身的形象定位和经营策略，引领了时尚潮流，并成功地实现了从传统服装企业向多元化时尚品牌的转型。

首先，在美特斯·邦威的终端店铺，品牌树立一个独特的店铺形象。店内设计风格简洁大方，充满时尚感和艺术气息。在店面装修上，采用了混凝土、金属等材质打造简约的空间，让整体店面看起来更加现代化和精致。同时，店内也摆放了各种形态的时尚艺术品，为消费者营造了一种高雅而充满时尚感的氛围，这样的店铺形象符合当下年轻消费者的审美需求。

其次，品牌在终端体现出来的多元化产品线。作为一家服装品牌，美特斯·邦威不仅提供男装、女装等基本单品，还推出了各种不同系列的产品，如休闲系列、商务系列、运动系列等。这些系列在产品设计上都具有独特的风格和特色，满足了不同消费者对服装风格、场合等方面的需求。同时，该品牌还不断更新产品线，引入一些新的元素和潮流趋势，以保持消费者对其品牌的关注度。例如，在国潮热度的当下，美特斯·邦威也大举创新，聚焦工装风格，强掀并引领“工装风”，迎合当下年轻群体的审美感升级和表达自我态度的需求；并且用“态度就是我的造型”这样的标语强力带入了美特斯·邦威工装的产品风格，让年轻消费者感受到了品牌与自我一致的时尚态度。

最后，品牌非常注重客户体验，从店内的陈设到售后服务，都想方设法为顾客提供更好的体验。店内的灯光和音乐都布置得非常恰当，能够让消费者感受到轻松愉悦的购物体验。在售前服务上，店员都受过专业培训，能够为消费者提供个性化的购物建议和着装搭配。而在售后服务上，品牌也非常注重对消费者反馈的持续跟踪和回应，及时解决消费者遇到的问题，营造了人性化时尚氛围。

第八节　案例小结

从上述案例中可以看到，当下的时尚营销重视技术、内容、情感与体验，通过社群和联名等形式传播品牌的态度和理念，进而为消费者创造独特的品牌价值。

在产品营销上，越来越多的时尚品牌开始注重绿色环保营销以及生产技术营销，通过推广环保理念和先进技术等方式，提升品牌形象和信誉度。在营销渠道上，大部分品牌采用“线上、线下结合”的营销策略，即将线上和线下的渠道相结合，品牌在社交媒体平台上营造话题热度，提升传播范围，又通过线下活动让消费者身临其境感受品牌的氛围和文化。在营销重点上，品牌重视消费者的感情体验与互动体验，通过消费者与品牌价值主张间的情感共鸣以及活动中获得良好的互动感受，进一步吸引和维系消费群体，扩大品牌影响力。

未来的时尚营销中，技术升级、内容输出、情感联结、互动体验仍是营销重点。结合不断发展的虚拟现实技术、人工智能技术等，联动时尚、情感、体验等元素，以客户需求为出发点，创新时尚化营销措施，进一步提升品牌价值。